李门百年

LI MEN BAINIAN

许俐丽　李小瑛　主编

南方出版传媒　广东人民出版社

·广州·

图书在版编目（CIP）数据

李门百年 / 许俐丽，李小瑛主编. —广州：广东人民出版社，2014.11
ISBN 978-7-218-09770-1

Ⅰ.①李… Ⅱ.①许…②李… Ⅲ.①李门（1914～2000）—传记 Ⅳ.①K825.78

中国版本图书馆CIP数据核字（2014）第262261号

Li Men Bai Nian
李门百年
许俐丽　李小瑛　主编

出 版 人：曾　莹

特约编辑：白玉京
责任编辑：黎　捷
书籍设计：书窗设计
责任技编：黎碧霞

出版发行：广东人民出版社
地　　址：广州市大沙头四马路10号（邮政编码：510102）
电　　话：（020）83798714（总编室）
传　　真：（020）83780199
网　　址：http://www. gdpph. com
印　　刷：广州市恒远彩印有限公司
书　　号：ISBN 978-7-218-09770-1
开　　本：787mm × 1092mm　1/16
印　　张：16　　插　页：3　　字　数：186千
版　　次：2014年11月第1版　2014年11月第1次印刷
定　　价：98.00元

如发现印装质量问题，影响阅读，请与出版社（020-83795749）联系调换。
售书热线：（020）83721479　83785240

李
门

1914—2000

李门同志生平简介

李门同志是广东省戏剧家协会原主席、享受老红军待遇的离休老干部，中共党员，广东省三水县人，1914年8月出生，大学文化程度，1936年参加革命工作，1938年加入中国共产党。李门同志1932年毕业于香港圣约瑟书院，1933年至1936年就读于广州大学法律系。他在大学期间就从事戏剧运动，1935年参加抗日救亡团体广州锋社话剧团，是该剧社负责人之一。1938年10月广州沦陷后，他遵照党的指示，率领锋社成员组成国民党第七战区政治大队（简称“七政大”），任七政大地下党支部书记，在粤北从事抗日宣传活动。1944年年末，他率七政大部分成员转移到东江纵队，与其他政工队成员组成鲁迅艺宣队，分别担任鲁迅艺宣队队长、政治部艺宣股股长。1946年，东纵北撤，他受到组织派遣，任香港《华商报》记者、中原剧艺社党支部书记、香港中共华南分局文委分支部委员，负责戏剧、音乐、出版等工作。1949年五六月，中原剧艺社、中艺和港九部分青年组成华南文工团，进入粤东游击区开展文化宣传工作，他担任团党委书记兼政委。解放后，他历任华南人民文艺学院教授，省文教厅文艺科长，省文化局副局长，省戏改会副主任，省戏剧家协会副主席、主席，省文联副主席。他还先后当选为中国国际文化交流中心广东分会理事、中国戏剧家协会理事、省粤剧研究中心理事长、广东话剧研究会名誉会长、省人大代表等，离休后被省委宣传部聘为文化艺术咨询委员。

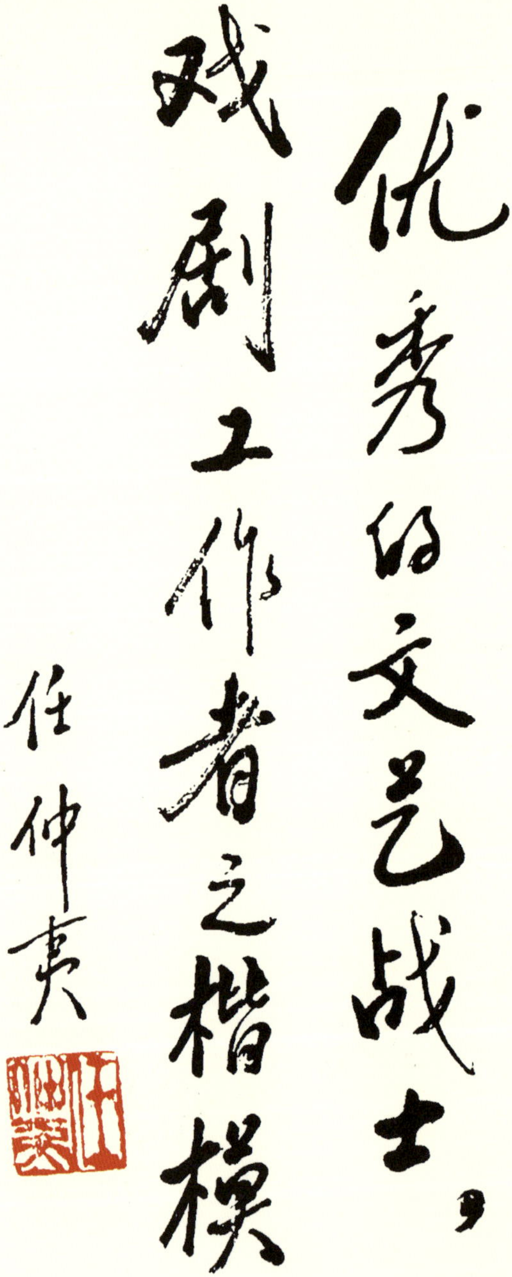

任仲夷题词

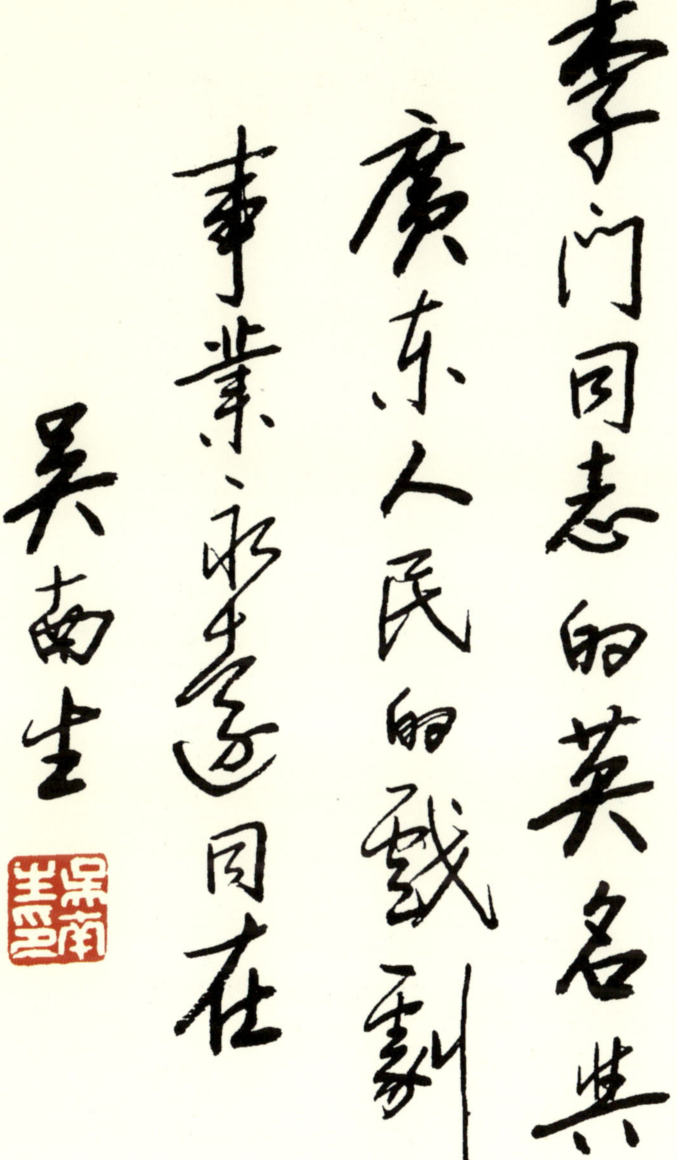

吴南生题词

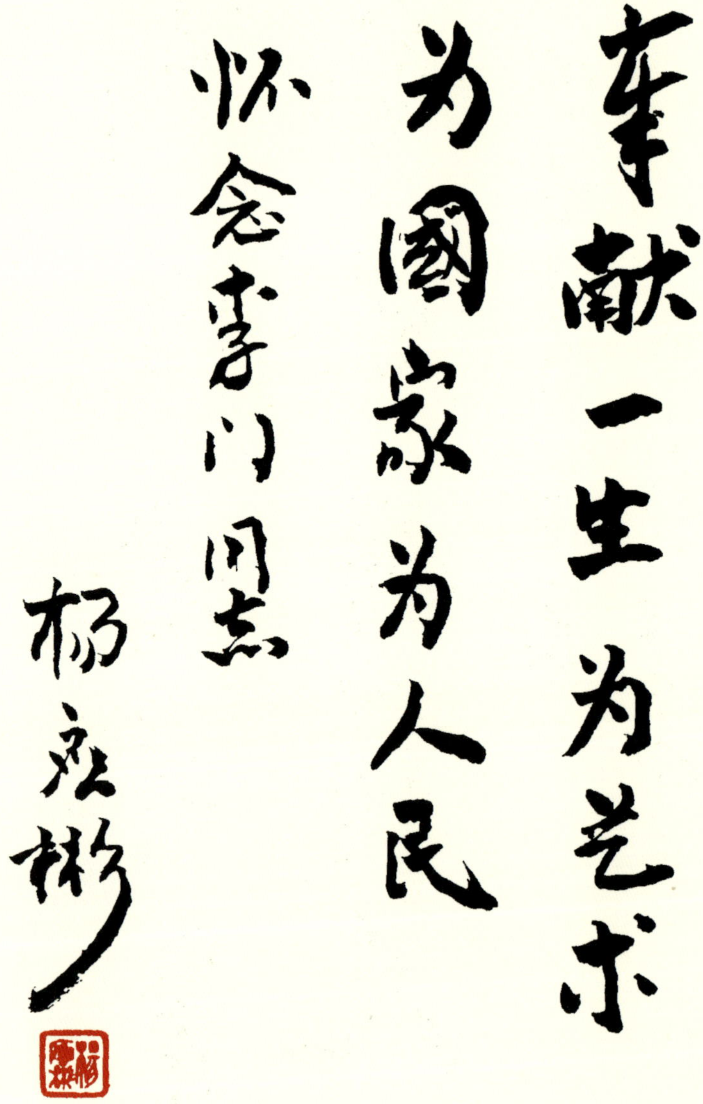

杨应彬题词

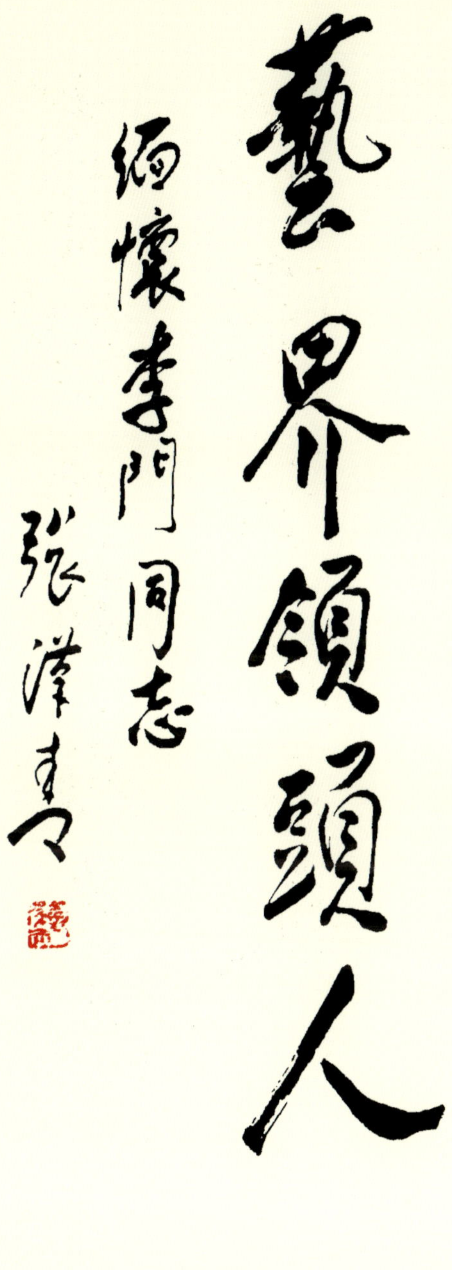

张汉青题词

序一

十四年后的悼念

老　庄

李门离开我们已经14年了，今年8月7日是他的百年诞辰纪念日。在马克思那里的李门，可能怎么也想不到，我还健康地活在世上，还不知道什么时候才去他那里团聚。当初，他在世的时候，就和我说好了，骨灰一半撒在三水的李洲河，另一半暂存家里，待到我也百年之后，埋在一起好做伴。

近日，李门常出现在我的梦中。我正沉睡之际，他缓缓走来，说什么我没听清也可能是没记住，但他的笑脸我是记住了，还是那样的清瘦那样的愉悦。每当醒来，我就问自己，为什么不再睡多会儿，和李门说多会儿话，那样可能就会记得他说过些什么了。我的记忆是大不如前了，连住过一年时间的麓景路69号，我都忘了个一干二净。那天女儿小瑛说带我旧地重游，开车送我回到麓景路的家，站在住过的房间里，我却一点印象都没有。女儿翻箱倒柜想寻找李门遗留的墨宝，最后找到的却全是我的作品。虽然是我的作品，但每一幅都与李门有着千丝万缕的关系。我的画作多由李门题字，我的画就是他的精神体现。看着这些装裱完好的自己的作品，

95岁的老庄在李门塑像前留影

记忆力变差的我记起了几十年前的往事，一桩桩都是那么清楚。

“人生多所遇，陈迹感慨深。俯仰抒怀抱，惟有向前奔。”这是我作的诗，没有人知道我还会作诗。这是李门与我谈话后，我一时诗兴大发而作的。当时就有人说，想不到老庄还会写诗。那是1992年国庆期间，正是深入改革开放的年代，看到祖国日新月异的变化，李门深有体会地对我说，我们所遇到的一切委屈不公，在大时代前算什么？比起那些在战争年代牺牲的先烈，或是在“文革”中枉死的好人，我们是多么的幸福。当时，李门就撰写了一首《菩萨蛮》：“无情风雨损天际，一朝忽见阴霾逝。四十三春秋，几多喜与愁。 都言开放好，华夏招财宝。悠悠民族魂，九州共革新。”看到李门的兴致这么

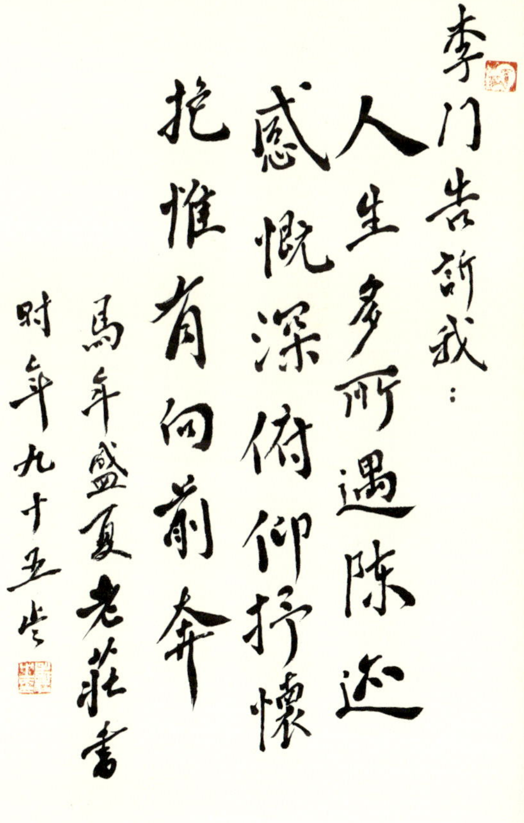

老庄自作并题写的诗《李门告诉我》

与女儿李小沂、女婿朱小丹一起看《洁似寒梅》

高，我也来了诗兴，于是有了这平生第一首诗。今天，我95岁了，当年的景象历历在目，于是我重新用毛笔写了李门的《菩萨蛮》和我自己的诗作，我的诗的题目就叫《李门告诉我》，我不知这算不算题目，反正我挺喜欢这大白话。

在李门诞辰百年之际，我每天翻看李门遗作选《洁似寒梅——李门遗作选》。李门这一生太不容易了，太不轻松了。虽然大部分时间我都是和他在一起，但他所承受的心理压力却是我无法替他减轻的。苦在身上不算苦，苦在心里才算苦。苦在心里的李门不想我与他一起受苦，因此他不和我诉苦，他只是和我谈心，谈他的感受、他的体会、他对事情的看法。

李门的身体不好已经很长时间了。在解放初期，他就得过相当严重的神经衰弱症。他在一篇文章中说过："从1964年起，曾失眠达一年半，每晚只模糊地睡上几分钟，这病使我十分痛苦。"后来简直不能工作了，才不得不全休了几个月。经过一段时间的药物、心理治疗以及运动锻炼，病情才有所好转。医生说这叫神经官能症。他这个病不时发作，在工作忙的时候、下乡劳动的时候或者情绪兴奋的时候倒觉得好些。解放后几十年来，可以说他一直是抱病工作的。这个病不仅是失眠，还发展为忧郁症和强迫思维症，精神上十分痛苦。但他以惊人的意志，与疾病做顽强的斗争，一直在坚持工作，很少向组织反映他的病情。他与疾病做斗争的力量，来自他一向对己严对人宽的性格，更来自他对党的事业鞠躬尽瘁，死而后已的忠诚。到1991年，他卸去广东省剧协主席的职务，离开工作岗位后，他的病情反而日趋严重了。1994年他住了三次医院，身体越来越差，后来又患脑血栓，连生活也不能自理。所以他能熬到86岁高龄，真是不容易啊！

李门的前半生是处在抗日的烽烟中，充满战斗的激情。曾一度传说他战死沙场，也曾传说我已在躲避国民党的追击中死亡。两个“已死”的人突然重逢，那一刻的感受，任何花前月下的浪漫都无法比拟。当时的我们人不像人鬼不像鬼，病中的李门头肿得像“大头佛”，而病中的我却是个光头的“尼姑”。时间紧迫，大头佛和尼姑就这样结成夫妻，那是1946年1月23日，我们在香港《华商报》领导的见证下成了亲，紧接着就投入到紧张的工作中。解放前的一切苦难被我们视为战火中的青春人生，没吃没穿没日没夜……这一切我们都没觉得有什么苦。

真正的苦倒是解放后才慢慢有机会品尝。李门的不容易、不轻松也是解放后才体现出来的。李门的后半生充满了苦涩和磨难，幸好他仍把工作摆在第一位，这多少冲淡了他对不公待遇的郁结。

1958年1月，某领导在省市粤剧界整风中宣布：李门、丁波、黄宁婴三人，在领导省市粤剧界的工作中迷失方向，严重失职，特别是在对粤剧《山东响马》的批判中，抗拒正确意见，抗拒领导，有反党情绪，决定予以撤职、降级、留党察看和下放劳动的处分。当时李门思想不通，心情异常沉重。他认为自己对粤剧改革满腔热情，贯彻的是党的戏改方针。《山东响马》这个传统剧目，不能一演出就加以否定，说是坏戏。就算有不同意见，也应容许各抒己见。为什么对一个戏的争论，竟然要上纲上线，以至于做出组织处理呢？受到这个处分以后，李门的病情更加重了，整晚整晚睡不着，心情比任何时候都要难过。《山东响马》这出戏把我们家害惨了，李门被撤职后，我们一家八口搬出了局长楼，搬进了我的单位——广东人民出版社简陋的货仓。

家人有了栖身之地，李门接着便是到乡下劳动改造。先是到肇庆农村，李门犁田、插秧、收割、挑谷……所有农活他都像一个老农一样认认真真地完成。接着到了海南岛，在石碌铁矿当工人。后来因为他有文化，被调到学校当老师。无论何时何地，我总是和他在一起，五个年幼的孩子就交给他的母亲照顾。虽然李门备受委屈，但他工作起来就忘记一切不快，全心全意、满腔热情地投入到工作中，哪怕那工作是如此的艰难险阻。工作中的李门，是那样的英俊潇洒，那样的忘我率直。在海南岛，他依照领导吩咐，写下了琼剧《海瑞回朝》，后被诬陷为与北京吴晗的《海瑞罢官》不谋而合"攻击"党和政府，这回祸闯大了，"文革"中因此戏差点命都没了。李门被游街、关押、挨打、斗争，完全失去了自由。直到"文革"结束，因为海瑞的平反，李门才得以平反。直到1980年，《山东响马》这个冤案才得到平反。是年1月4日省委纪检会批示，认为当时说粤剧改革迷失方向是不符合实际的，李门对《山东响马》的争论文章和发言是正常的、有益的，是民主生活所允许的，不能说是错误，省委决定撤销对李门的处分。当时李门非常激动，他感谢党对自己的正确对待和对广东戏改工作的正确评价。他情不自禁地欢呼："春回大地，党的十一届三中全会放出了复苏万物的光芒。"

老庄和女婿朱小丹

李门照旧热情洋溢地工作，他什么都不计较，一直把工作放在第一位，直到停止呼吸。他常常半夜醒来便睡不着，有时便干脆闭着眼作诗，他很多诗都是睡不着的时候作的，第二天起床再把作好的诗写下来。由于得了忧郁症和强迫思维症，他时常会无法自制地胡思乱想，甚至毫无根据地自责自怨。在无法自解的时候，他便和我谈心，把混乱的思想告诉我，经过交谈得到开解。在我们的金婚纪念日，他对儿女们说："没有你们的妈妈，我早就到马克思那里去报到了。"

岁月毕竟无情，李门还是先我而走了，至今已经走了14年。今年是他的百年诞辰，我仍清清楚楚记得他的音容笑貌，记得他说过的话、做过的事。我们遵照他的遗愿把他的部分骨灰撒在了三水故乡的河流中，同时把他的部分骨灰埋在了银河公墓。墓碑上是他笑容可掬的照片，有我画的傲然正气的牡丹，有李门的题字："人羡牡丹富且贵，我赞花叶相扶持。"

这是我们一生的写照。我们有过牡丹般的热烈人生，有过牡丹般的傲雪迎霜，更有牡丹般的绿叶红花相辉映。

序二

本色——怀念岳父李门

朱小丹

2000年5月的一个早上，岳母老庄带领全家乘坐一艘老渡船，遵照岳父李门的遗嘱，将他的一半骨灰撒在北江上。那天，北江格外平静，只听见船上的柴油机吃力地发出“突突、突突”的响声。我望着向南流去的浩浩江水，心里想，从今往后，岳父将永远和这宽阔的大江一起守望和陪伴着他所深深眷恋的家乡。

岳父的家乡三水芦苞镇李洲村，坐落在北江的一个叫洲面的江心岛上。他的童年是在家乡度过的，母亲抚养他长大。在李洲村读完小学后，岳父离开了家乡，投靠在香港做生意的父亲，开始了一段外出求学的生涯。

1931年“九一八”事变爆发，正在香港圣约瑟书院读书的岳父急急赶回李洲村，与几位李姓同村兄弟组织了“励志社”，一起编了一出话剧《挥戈退日》，在李氏宗祠门前搭了个戏台，为乡亲们演出。大概当时他自己也不曾想到，他的一生会从此与戏剧结下不解之缘。

1937年抗日战争爆发，已从广州大学法律系毕业，并成为我们

李门夫妇与四女儿一家合影（前排右起李门、老庄；后排右起李小沂、朱小丹、朱果果）

党领导的广州抗日演剧团体锋社负责人之一的岳父，再一次回到家乡。这一次是回去领了三妹李惠卿、四妹李惠莲一同参加锋社。当时李惠卿14岁、李惠莲11岁。从此，三兄妹随革命队伍在战火和硝烟中辗转，同生死、共患难，再难有机会回到家乡李洲村。

一直到广州解放之后，作为华南文工团政委的岳父才回到李洲村，把阔别多年的母亲接到广州。一同被他接回家里的，还有母亲在广州沦陷时收养的一个逃难的女孩，叫阿蓉。

自我和小沂结婚之后，我就知道岳父有一份割舍不去的乡情。他曾专门为李洲村所在的芦苞镇写了一首《芦苞礼赞》："芦苞古镇，淼邑名区。祖庙巍峨，武当称降龙伏虎；北江汹涌，巨闸能劈水拦波。犹忆五马环回，晶莹玉镜。三峰鼎峙，峻峭华山。帆樯穿梭，市声盈耳。而沧桑变幻，兵燹难忘。儿女英雄，何惧凶横外寇！四方辐辏，重建灯火长街。梓里复兴，盖由政策之开明，子弟之勤奋。放眼新楼林立，百业繁昌。五马骋云程，胥江饱含新气象；千星照细浪，大堤闪现美容颜。归棹依依，常怀海外赤子；落霞片片，时衬艺苑弦歌。人杰地灵，文兴物阜。年月日生生不息，贸工农趔趔齐飞。振兴中华，匹夫有责。喜临吉日，装点花坛。谨记数言，藉留永念。”

1996年，北江发大水，洲面岛受淹。岳父把家人都喊齐了，交代说，李洲受灾，全家人都要捐钱帮助救灾，每人捐款不能少于500元。钱集齐了，岳父岳母带领全家把钱送到李洲村，在洲面小学简陋的教室里举行了一个小小的捐款仪式。李英棋作为家中长子，把钱交到村主任手上，岳父代表全家说了一番话。具体内容我记不清了，大概意思是，家乡的事全是家里的事，钱虽捐得不多，却是全家人对家乡父老乡亲的一份心意。

岳父最牵挂的是李洲村孩子们上学读书的事情。他为洲面小学题写了校名。他自己积蓄不多，但小学需要帮忙，他总愿意解囊相助。我第一次访问洲面小学，一进校门，就看见过道两旁有两排石凳，每张石凳上面都刻着“李门捐赠”的字样。岳父临终前，把子女们召集在一起，留下他的遗嘱。遗嘱特别简单，就两条：第一，死后一半骨灰撒在北江上，一半等岳母百年后，与岳母合葬；第二，留下的书籍和存款捐给洲面小学。

岳父去世后，几乎每年春节，岳母都带着全家到李洲村走一趟，看一看岳父的祖屋，看一看小码头上面的那几棵大榕树，看一看村外小山坡上那棵巨大而苍劲的百岁老木棉。全家人在李洲村一溜青砖屋前拍一个合照，既是为了在新年里留下一张全家福，更是为了告慰逝去的岳父。

2013年春节老庄率家人在李门家乡李洲村合影

岳父称自己为戏剧兵，以戏剧为终生的事业。纵观他的一生，戏剧给予他的有欢乐也有忧伤、有幸福也有苦难、有荣誉也有贬毁，但他始终初衷不改，视戏剧如生命。

岳父最初和戏剧结缘，完全出于投身抗日洪流的那一腔热血。他的戏剧生涯从年轻时的抗日演剧活动起步，一直到他离开人世时才告终结，经历了整整69年。

战争年代，从锋社到七政大、从东纵鲁艺到中原剧艺社，岳父一直以戏剧为武器，宣传群众，鼓舞士气，为革命斗争注入精神力量。无论斗争如何残酷、环境如何困苦、条件如何艰难，绝无一日停息。身为党的宣传文化队伍负责人，他既是编剧，又是主演，还是剧务，绝无一事不倾注全副心血。岳父在中原剧艺社的老战友林榆回忆说：“经历多少风云变幻、惊涛骇浪……然而他终于挺过来了，文化艺术界特别是我们南方的老剧人，像李门那样一直把红旗举到底的能有几人？”

解放后，岳父本可以为新中国戏剧事业做更多贡献，但却因为政治运动两次落入苦难的深渊。1958年，岳父因传统粤剧《山东响马》的争论受到严厉处分，被撤销党内外职务、留党察看两年，行政级别降一级，先是下放到四会先锋农业合作社劳动一年，后又下放到海南石碌铁矿担任教师和副工段长。就是在海南下放期间，岳父又与杨嘉一起，创作了琼剧《海瑞回朝》。他似乎完全没有从政治运动中吸取些什么教训，即使正在落难之中，他仍停不下他的戏剧创作。他恐怕更没有想到，正是《海瑞回朝》一剧为他在“文革”中再次遭受迫害埋下了深深的祸根。

“文革”前夕，京剧《海瑞罢官》受到批判，《海瑞回朝》自然也无法幸免。岳父和欧阳山等文化人同时被揪出来批斗、游街甚至被殴打，从此堕入十年动乱中备受摧残的悲惨岁月。

直到1977年，63岁的岳父才重返工作岗位，并且还是搞戏剧。他为振兴粤剧而忙碌起来，好像要拼命把失去的时光再抢回来。岳母说，“文革”后的李门简直就是一部停不下来的工作机器，没有一日清闲。岳父所拥有的是一颗怎样的戏剧心啊！

记得20世纪80年代初我在共青团广州市委工作时，团市委下属的青年文化宫创办了一个青年业余话剧团，编了一出话剧《香飘四季》，下乡为农民演出。岳父听说了，也要跟着去。他在乡村禾塘（晒谷场）上和村民们一起把戏看完，然后和青年业余话剧团的编导、演员们一起开会，一段戏一段戏、一个角色一个角色做点评，一直到下半夜。我坐在旁边听他说，看着老人那专注的神情，内心充满了无法用语言表达的感动。

1991年，77岁的岳父在广东省戏剧家协会主席的岗位上离休。在人生的最后一段日子里，他一直被日益严重的疾病所折磨，得过两次中风，早年患上的神经官能症发展成为令人痛苦不堪的抑郁症。在别人面前，他说话少了，声音也变轻微了。但是，令我们感到惊奇的是，只要遇到了与戏剧有关的事情，岳父的精神就会为之一振，好像又恢复了当年的神采。1996年，岳父82岁了。他在纪念锋社成立60周年和中原剧艺社成立50周年联欢会上，登台表演了他在香港做地下工作时创作的工人版白榄剧《夫妻识字》，字正腔圆，声音洪亮，引来满堂喝彩，外人一点也看不出他是一位重病中的老人。又过了一年，为纪念中国话剧诞生90周年，岳父居然忍着病痛写下了17000多字的纪念文章并在广州的纪念大会上做了饱含深情的发言。岳父在逝世前一个月，写下他最后一篇诗作，为的是纪念粤剧大师马师曾诞辰100周年。

岳父留下了三部著作：一部《粉墨集》，一部《剧坛风雨》，一部《舞台内外》。每当翻开这三部著作，岳父清隽的脸庞、慈祥的笑容和眉宇间特有的神韵就会浮现在我的眼前，引起无尽的追思和缅怀。

岳父和岳母是一对白头到老的患难夫妻。

他们相识于锋社，相恋于七政大，1946年在香港结婚时，又同在《华商报》从事党的地下工作。战争年代的血与火锻造了他们忠贞不渝的一世情缘。

岳父受处分下放四会，岳母陪着一齐去。两人一起在四会先锋合作社从事农业劳动，岳父挑秧，岳母插秧，和当地农民没有什么两样。共同的劳动似乎缓解了他们心中的压力和痛苦，岳父当时还写下一首直抒胸臆的七绝："何处山花满眼开，绥江春色扑人来。旧时战马纵横地，化作良田万顷栽。"

从四会辗转到海南石碌铁矿，也是岳母陪伴岳父同行。在矿上，岳父半天劳动，半天教书，岳母做财务工作。为了减轻广州老母亲的负担，他们还把五个子女中的两个（二女李小曼、三女李小瑛）接到矿上，让她们在矿工子弟学校上学。矿上工作和生活虽然十分艰苦，但有岳母和两个孩子的陪伴，岳父倍感释然，后来又重新拿起了创作的笔。

"文革"期间，岳父被批斗、入"牛棚"，岳母也一直守护在他身旁。岳父被关押在英德茶场时，岳母又像在四会那样和他并肩劳动，一起摘茶，一起施肥，一起放牛，一起承担精神上的重负，一起等待公正的到来。岳父在战争年代和"文革"期间都能挺过来，岳母的爱无疑是他得以坚持的精神支柱。

到晚年，疾病缠身的岳父更是须臾离不开岳母的陪伴。记得我在从化县工作时，为了让女儿果果就近上学，小沂带着她搬到岳父家住。我偶尔会利用休息日在岳父家过一晚上，看看岳父岳母，陪陪小沂、果果。夜深了，我还听见岳父岳母在熄了灯的房间里说话，每次去都一样。有一次我忍不住问小沂：“等我们也老了，会像他们那样有说不完的话吗？”小沂以问作答：“你说呢？”

岳父依赖岳母，是因为他也深深爱着岳母。岳母为他付出越多，他对岳母的爱就越深。他们之间的爱情在婚后的55年中似乎从未停止过生长。岳父在病中曾写下一首《病中偶作》：“病体支离夜倍长，难于寻梦到家乡。凭妻白昼偿吾愿，田老（指田汉）诗文读几章。”对岳母的一片深情跃然纸上。

岳母离休后上老年大学，不久就习成一手好字画。她画了一幅工笔画“牡丹”，栩栩如生。岳父看了十分喜爱，于是在画上题了两行字“人羡牡丹富且贵，我赞花叶相扶持”。岳父的另一半骨灰安葬后，我们将这画这题词刻在了他的墓碑上，因为这是岳父岳母半个多世纪忠贞爱情的最好写照。

岳父留在我们脑海里的形象，是儒雅而简朴的。他身材虽然不算高，但腰板很直，人显得很挺拔，重病之下也不曾躬下身子。他的笑容慈祥、含蓄，说话的声音有一种特殊的感染力。他总是把头发梳理得一丝不乱，衣着十分整洁，但又十分朴素。在我印象里，只看见他穿过两套西服，一套浅灰色，一套米色。

岳父对精神生活要求很高，对物质生活却几无所求。他穿得简单，吃得也简单。每年除夕，全家人要聚在一起吃顿团圆饭。岳父兴致来了，就要由他请客，于是把大家带到离家最近的小饭馆，和普通市民一道迎接新年，全家乐也融融。有的星期天，家人在岳父家聚得比较齐，为简单起见，不做饭，只是炒粉煲粥。有一次煲了一大锅鸡粥，岳父吃得津津有味，连声说："好享受，好享受！"岳母也应声说："非常之好，非常之好！"

岳父原来的住房，是1960年陶铸同志吩咐广州市政府专门为高级知识分子修建的"高知楼"中的一套，四室两厅，150平方米。1984年广州市房管局将"高知楼"拆除，原地建更高更大的住宅楼。新楼建好后，岳父把一套作为补偿的30平方米住宅转给小女儿李小桦一家居住，自己搬进了省剧协分配的一套93平方米的住房。住房在一栋老宿舍楼内，三室两厅，岳父和岳母、小沂和果果、家中保姆各住一间卧室。岳父时常写作，书桌就摆放在卧室里，岳父和岳母两人共用。

岳父从来不向组织伸手。在省剧协任主席时，他经常到下面出差。后来，年纪太大了，身体又不好，出差实在不方便，他这才向省剧协提出申请，请求出差时配一辆公务车。他在申请书上提出的唯一条件是"开得动就行"。岳父离休后，享受副省级医疗待遇，但他到医院看病从不要求单位派车。每次得了急病，都是小沂拨打120，由急救车送往医院，再坐出租车回家。

1981年，我和小沂结婚。两家老人意见完全一致，婚事越简单越好，于是决定两家人在岳父家吃顿饭作为婚礼，由李英棋当大厨。那顿饭后，岳父岳母和我与母亲乘坐公共汽车，把小沂送到我家。当时，我和母亲住在28平方米的宿舍里，新房只有7平方米。一张木制新床，是我和小沂一起买的，一个旧五斗柜，是小沂从岳父家里搬过来的。岳父岳母在新房里为我和小沂祝福，还直夸新房布置得很不错。

岳父长期在文艺界工作，先后在华南文工团、省文化局、省剧协、省文联等单位担任领导职务，认识的知名文化人、艺术家很多，但他却几乎没有什么收藏。郭沫若和田汉写给他的题词，“文革”时被抄家抄走了。只留下两幅画，一幅是岭南画派大师关山月送给他的《梅花》，一幅是著名画家杨之光送给他的人物画《海瑞》。

岳父身后没有留下任何遗产，但他留下的精神财富却是无价的。

岳父逝世时，我含泪为他写下一副挽联：

直如松柏经历几多霜雪但留一身正气

洁似寒梅不扬半点芬芳自有万般儒雅

一个人终其一生，从不因世态的变迁、人生的艰辛、命运的沉浮而改变自己的信念、追求、情感和品格，这大概就是我们常说的本色吧。

我们从岳父身上得到很多的人生感悟，其中最重要的就是，本色地做人。

在岳父100周年诞辰之际，我写下这些文字，写他如何对家乡、对事业、对妻子、对自己，思绪万千，难以平静，为的是寄托对他深深的怀念。

序三

高洁似寒梅　挺拔如木棉

广东省戏剧家协会

今年是我省著名戏剧活动家、省剧协原主席李门诞辰100周年。省戏剧家协会全体会员和戏剧工作者，深切缅怀李门同志。李门同志为广东戏剧的改革和发展做出了重大贡献，深受全省广大文艺工作者尤其是广大戏剧工作者的尊敬和爱戴。

李门同志1936年参加革命工作，1938年加入中国共产党。新中国成立后，他历任省文化局副局长，省戏曲改革委员会副主任，省戏剧家协会副主席、主席，中国戏剧家协会理事，省粤剧研究中心理事长，是一位优秀的戏剧活动家。

早在抗日战争时期，他就先后主演过《我们的故乡》《军民进行曲》等10多部进步话剧，揭露日本帝国主义和汉奸卖国贼的罪恶行径，唤起广大军民抗日的爱国热情。1935年他参加中共地下党领导的抗日救亡团体广州锋社话剧团，是该社负责人之一。1937年他参与组建广东剧协的工作。七·七卢沟桥事变后，抗日烽火燃遍中国大地，他毅然偕大妹李昭、小妹李惠莲一起参加锋社话剧团，在

老庄画作《木棉》

广州街头演出，鼓舞群众抗日斗志。抗日战争胜利后，1946年东江纵队北撤，他受组织派遣赴香港，先后任《华商报》记者、中原剧艺社党支部书记、香港中共中央华南分局文委分支部委员，负责戏剧、音乐、出版等工作。1949年5至6月，中原剧社、中艺和港九部分青年组成华南文工团，加入华东游击队开展文化宣传工作，他担任团党委书记兼政委。

解放后李门同志长期主持省戏剧家协会工作，坚决贯彻执行党的文艺路线、方针和政策，坚持文艺“两为”方向、“双百”方针，团结全省广大戏剧工作者，为繁荣我省社会主义戏剧事业兢兢业业，忘我工作。他深入基层，深入剧团，调查研究，为扶植戏剧新作，培养戏剧新人，为推进广东的戏曲改革，呕心沥血，做了大量的工作。解放初期，广东粤剧曾经走过一段弯路，在中南地区汇演时受到严厉批评。1953年，广东成立了以丁波、李门、黄宁婴为首的省市戏剧改革委员会，在省市领导和众多戏曲干部的努力下，进行了一系列的戏改工作，广东粤剧取得了显著成绩。1956年李门率领广东粤剧团进京演出粤剧《搜书院》时，粤剧面貌已焕然一新。《搜书院》剧组从编剧、表演、音乐、舞美等方面进行大胆改革，以崭新面貌呈现在首都观众面前，令观众对广东粤剧戏剧改革成果刮目相看。周恩来总理观看完该剧演出后赞扬粤剧是“南国红豆”。此后，粤剧被誉为“南国红豆”，不断繁荣发展。

李门同志当过话剧演员，唱过粤剧，写过剧本，发表过大量的戏剧评论文章。解放后，他主要从事戏剧组织工作，仍坚持业余创作，先后创作了剧本、中篇小说、说书等，编辑出版了《粉墨集》《剧坛风雨》《舞台内外》等文集。此外，还写了很多诗歌、民间故事、评论文章等，为繁荣我省文艺创作，尤其是戏剧创作做出了重大贡献。

李门同志退出领导岗位之后，仍念念不忘广东的戏剧事业，不顾年老体衰，积极参加各种戏剧活动。1997年12月，省剧协、广东话剧研究会等单位联合主办“广东纪念中国话剧诞生90周年系列活动”，特邀李门同志参加。李门同志虽然已83岁高龄，且身体有病，但一直伏案10多天，写出了17000字的“广东话剧90年”，并做精彩报告，获得参会者热烈的掌声。可以说，他把毕生都献给了广东戏剧事业，他的精神和品格，高洁似寒梅，挺拔如木棉。

李门同志去世后，任仲夷同志题词赞李门同志是“优秀的文艺战士，戏剧工作者之楷模”；吴南生同志题词“李门同志的英名与广东人民的戏剧事业永远同在”。原广东省委领导的题词恰如其分地评价了李门同志一生为广东戏剧所做出的重要贡献。广东戏剧取得的辉煌成就，离不开前辈们呕心沥血的努力，离不开一届又一届主席及主席团成员的薪火相传，其中李门主席的贡献尤其令人敬佩！他是广大戏剧工作者的良师诤友，是全省戏剧工作者学习的典范，人民不会忘记他，戏剧界更不应忘记他！

广东戏剧发展至今，呈现出百花齐放、百家争鸣的大好局面。当然，也面临着一些问题，特别是随着科技的发展，网络和新媒体等新的文化形式对传统文化尤其是对传统戏剧的冲击更加明显。这也给我们广大戏剧工作者提出了新的课题和挑战。在纪念李门诞辰百年之际，我们广东戏剧人将继承和弘扬李门同志等老一辈戏剧人勇于开拓创新、乐于奉献的精神，在改革和繁荣广东戏剧事业的实际行动中，坚持党的十八大提出的核心价值体系和核心价值观，团结广大戏剧工作者，重视加强人才培养，发扬优秀传统戏剧文化，推陈出新，努力创作出“弘扬主旋律、传播正能量”的精品佳作。

让我们沿着前辈们的足迹，更加奋发努力，更好地推动广东戏剧向前发展，为实现“两个一百年”奋斗目标，贡献我们戏剧界的力量！

2014年9月9日

关山月为李门画《梅花》（局部）

目录

LI MEN BAINIAN

百岁追思

第一章

少小离家戏剧兵
一曲动员嘶战马

“粤江二月三月天，千树万树朱花开。有如尧射十日出沧海，更似魏宫万炬环高台。覆之如铃仰如爵，赤瓣熊熊星有角。浓须大面好英雄，壮气高冠何落落。”（陈恭尹《木棉花歌》）木棉是广东常见的落叶大乔木，树形高大，达三四十米，早春先开花后长叶，盛开时远观似一团团在枝头尽情燃烧、欢快跳跃的火苗，极有气势。因此，历来被视为英雄的象征。

在李门的故乡有一棵独一无二的木棉树，据说已经有数百年的历史。它的树干不是像常见的木棉那般笔直向天，而是枝干卷曲多弯，尽管如此，却仍给人以神采飞扬的感觉。暮春时节，满树的英雄花可以铺满一个篮球场，远远望去，它是李洲村万绿丛中的一簇红。

李门的故乡有一棵独一无二的木棉树，据说已经有数百年历史。小时候李门三兄妹常在树下玩耍。如今，李门子女每年回老家都争着在这棵树下留影

李门的人生也正如故乡的这棵木棉树一般，尽管曲折多弯，却依旧神采飞扬。“百折人生路，千秋赤子心”，战友林榆在李门逝世一周年所赋的诗句，是他一生的真实写照。

后来在妻子老庄所绘的国画《木棉山椒图》上，李门题写了两句诗：“英雄花发朝阳里，底事山椒学坐禅？”其意是说，木棉花开、红日初升之际，正是英雄奋发有为之时，怎么能像山椒鸟那样禅定出尘、不理世事呢？

这一年是1988年，戊辰，李门时年74岁。离他“英雄花发”的“朝阳”时代已经过去了数十年，然而字里行间，我们仍能深味其“烈士暮年，壮心不已”的豪情。

桑梓旧时多风雨

肄江从巍峨古朴的魁星塔前静静地流过，灿烂的太阳照得这汇合小北江、绥江和西江的水上交通要道熠闪着万丈豪光。屏障广州和北江各县的北江大堤，像一条长缨，一望无际地向天边伸展着。放眼望去，堤内堤外，一片翠绿，正荡漾着新生的稻浪。

这是李门笔下的故乡——广东三水芦苞。

芦苞是一个古镇，地处珠江三角洲的腹地，是历史商埠，素有“小广州”之称。从李门所撰写的那篇激情澎湃、熔铸古今的《芦苞礼赞》中，我们既可了解芦苞当地的人文风物、沧桑巨变，更能窥见李门对故乡的眷念之意、自豪之情：

芦苞古镇，森邑名区。祖庙巍峨，武当称降龙伏虎；北江汹涌，巨闸能劈水拦波。犹忆五马环回，晶莹玉镜。三峰鼎峙，峻峭华山。帆樯穿梭，市声盈耳。而沧桑变幻，兵燹难忘。儿女英雄，何惧凶横外寇！四方辐辏，重建灯火长街。梓里复兴，盖由政策之开明，子弟之勤奋。放眼新楼林立，百业繁昌。五马骋云程，胥江饱含新气象；千星照细浪，大堤闪现美容颜。归棹依依，常怀海外赤子；落霞片片，时衬艺苑弦歌。人杰地灵，文兴物阜。年月日生

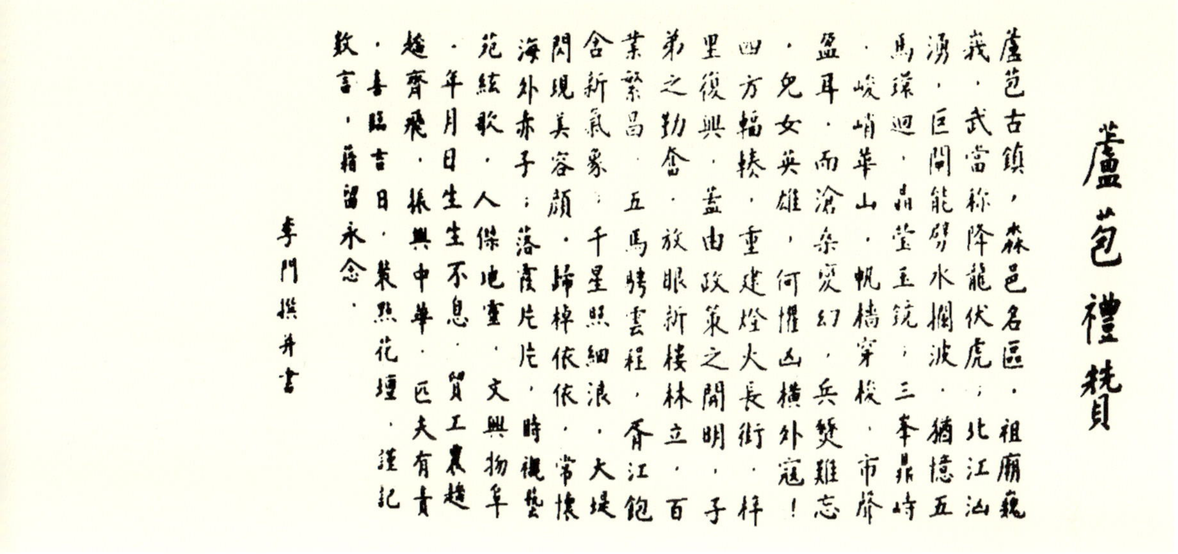

蘆苞禮贊

蘆苞古鎮，森邑名區。祖廟巍峩，武當稱降龍伏虎；北江汹湧，巨閘能劈水攔波。猶憶五馬環迴，晶瑩玉銃；三峯鼎峙，峻峭華山。帆檣穿梭，市聲盈耳。而滄桑變幻，兵燹難忘，兒女英雄，何惧凶横外寇！四方輻輳，重建烽火長街，梓里復興，蓋由政策之開明，子弟之勤奮。放眼新樓林立，百業繁昌。五馬騰雲程，胥江飽含新氣象；千星照細浪，大堤閃現美容顏。歸棹依依，常懷海外赤子；落霞片片，時覩藝苑絃歌。人傑地靈，文興物阜。年月日生生不息，貿工農趍趍齊飛。振興中華，匹夫有責。喜臨吉日，裝點花壇，謹記數言，藉留永念。

李門撰并書

李门撰写的《芦苞礼赞》

生不息，贸工农趍趍齐飞。振兴中华，匹夫有责。喜临吉日，装点花坛。谨记数言，藉留永念。

《芦苞礼赞》一文就刻在成公路口的“五马入华山”像旁的石碑上。此地也是芦苞新八景之一的“五马云程”，象征着芦苞百业腾飞，前程万里，正与激昂的文字相呼应。

跨过北江，穿过一片茂密的香蕉林，一座古朴的村庄便闯进视野。村口两排青砖建筑错落有致地排列着，街道显得狭窄但并不长。行不过100米，眼前豁然开朗，整个村庄都呈现在眼前。全村皆是青砖建筑，一长溜延绵一公里多。村中的显要位置是一座两进的祠堂，典型的清代岭南建筑风格，硬山顶，镬耳墙，配上一些雕刻。因为村中大部分人姓李，所以叫李洲。这座祠堂就是李氏宗祠。

李门父母亲画像

在李氏宗祠的不远处，几棵大榕树绿阴遍地，再往前就是李洲渡口了。李洲渡口是芦苞镇城区与西河片区之间的一条重要水路交通通道。平时的李洲古村是静谧的，悠悠的古巷，青砖老屋也无言。但每到整点过后15分钟，李洲便开始热闹起来——从芦苞渡口开往李洲的渡船满载着乘客靠近渡口。“李洲归棹”亦是芦苞新八景之一。

李洲村8巷5号，这是一栋普通的民房，如今尚保存完好，墙面无一残缺，大门被漆成黑色，色泽光亮。1914年8月，李门就出生在这里。

李门原名李家梁，是望其成为家中栋梁之意。刚离开娘胎不久，家乡发了大水。他的父亲常年在香港做生意，很少回家。情急之下，母亲将他和大他一岁多的姐姐放在狭窄的阁楼里，匆忙出去张罗东西以防被水冲走。等她回来的时候，在浸满水的房间里突然踢到一个东西，捞起一看，原来是从阁楼堕下已经溺死了的女儿。

她心中的悲痛和自责是可以想见的。所幸的是，仍在襁褓中的李门却安然无恙。这给了她一点安慰。因为在这之前，李门的母亲曾生育了三个孩子，可是都早夭了。

李门的母亲姓陈，在家排行第三，所以户籍上的名字写作陈三妹。她16岁嫁入李家，生了6个孩子，只有3个成活，其中李门最大，还有李昭（惠卿）和李惠莲两个妹妹。当三个子女都离开故乡后，孤苦伶仃的陈三妹又收养了孤女阿蓉，二人相依为命，在李洲过着贫苦的日子。

晚年返乡的李门与亲友在李氏宗祠前合影

李门在故乡的洲面小学念了七年书，开始积聚文学素养，并打下了诗词、书法的良好底子。让李门印象较深的是，小学的时候，正值大革命时的三水芦苞农会游行，老师就让他站在条凳上演讲。李门回忆说："（当时的我）双手比比画画，口中念念有词，道理并不明白，却在小小心灵里播下要为大众做好事的种子。"

虽然李门在李洲待的时光并不长，但是他终其一生，对故乡都有着深深的眷念。即便远离桑梓，故园仍时常出现在梦里。晚年的李门病魔缠身，经常需要服用自费药，开销很大，没有多少积蓄。临终前，他嘱咐将省下来的2万元捐献给洲面小学，将家里的部分藏书捐献给三水图书馆，还要求将他一半的骨灰撒在故乡旁边的北江上。故乡在李门心中的分量由此可见；而这沉甸甸的分量，使其无论何时，都心系家乡的发展。

李门晚年为洲面小学题字

港穗负笈思报国

李门的负笈求学之路，主要辗转于香港和广州之间。而他一生中的主要行迹也是在这两座城市展开。

1920年香港维多利亚海边，当年李门赴港后主要在这一带学习

在李洲读完小学后，李门便离开了故乡和母亲，投奔在香港做生意的父亲，学做生意，兼求学，准备挑起“子承父业”的担子，这也是本地祖传的人生之路。李门先是读了一年汉文，课业之余就在店里帮点工。可是李门偏想闯出一条不同于父辈的路子。他汉文不学要学“番书”，想去教会学校读书。父亲拗不过他，只好同意。一番努力之后，李门考进了圣约瑟书院。

圣约瑟书院（St Joseph's Colege，又译为圣若瑟书院），是香港一间百年名校。2009年获诺贝尔物理学奖、被誉为“光纤之父”的香港中文大学原校长高锟就出自该校。圣约瑟书院位于港岛半山区坚尼地道7号，前身为1864年成立的救主书院，建于1875年，是香港一所著名的天主教男子学校，历届学生学业优异，有“状元摇篮”之称。现在书院的北座——教学楼，是1918年地震后重建的；而西座——科学楼或称教堂楼在1925年启用，设有小教堂、科学室和礼堂。如今这座书院已经被列为香港历史建筑物。

李门学习勤奋刻苦，白天上课，晚上就在店铺的小阁楼温习，学习成绩十分优秀。他以五年的时间念完了七年的英文课程，取得了由香港大学颁发的全港会考初级考试及格的文凭，相当于中学毕业。他那一口流利的英语，就是在这所书院里练成的。

1931年“九一八”事变后，日本入侵我国东三省，香港掀起大

李门母校——圣约瑟书院的旧影（1920年）

今天的圣约瑟书院仍是香港名校之一，有“状元摇篮”之称

规模的抵制日货运动，工人、学生、店员纷纷上街焚烧日货。国难当头，匹夫有责。李门的爱国热情丝毫不逊色于其他热血青年。他走出书院大门，参加了这场轰轰烈烈的行动。

此事过后，李门学习英文之心减退，抗日的热血愈发沸腾。李门和李悲而、李依平、李家槐、李冽等同村兄弟组织了“励志社”，一起宣传和演戏。在李洲三年一次的大神诞节日，他们还集体创作了一台戏剧——《挥戈退日》，讲的是一个家庭奋起拿枪抗日的故事。在李氏宗祠门口，他们搭起桌椅当作戏台，李门的母亲还为他们借来了服装，搞得有板有眼，群众的反应很好。这应该是他们第一次“登台演出”，从此

1927年入学的学生合影

1932年毕业的学生合影

他们与戏剧结下了一生的不解之缘。

宁为百夫长，胜作一书生。在民族危难之际，李门心中升腾起日益炽烈的爱国热情，从最初的个人奋斗目标，转向了更为有意义的为国家前途贡献力量的道路。

由于香港当时是英国的势力范围，李门认为其教育有“奴化”之嫌，所以从圣约瑟书院毕业后，提出要回广州报考燕塘军校。一来，他觉得回内地可以自由抗日，二来父亲的店铺此时濒临倒闭，李门若在香港读大学会大大加重父亲的经济负担。可是报考军校要求有六年制高中毕业文凭，而李门当时的文凭尚未到手，因此当时的主考官缪培南（陈济棠的参谋长）在他的投考申请书上批了四个大字：“碍难废法。”

无奈之下，李门只好改考私立广州大学法律系。广州大学是中国南方一所历史较长的私立大学，成立于1927年3月3日，由陈炳权、金曾澄等人创办。最初不设校长，采用委员制。成立初期，设文学院、法学院和预科。1931年陈炳权改任校长。1937年，奉教育部批准附设计政训练班，聘该大学教授黄文衮硕士为班主任，为华南各大学开展“职业教育”之最。抗战期间，广州大学先后迁设于开平、台山、香港、曲江、罗定、连平、兴宁等地，实行战时教育。

在大学里，李门继续保持着自己对戏剧的热情。在《一个戏剧兵的自白》中，他写道：“1933年在广州大学夜班念书的时候参加了时代剧社。韦碧云先生导演一个描写东北义勇军的戏，我饰演战士，穿着羊皮大氅，背着枪笔直地守卫在门边，没有一句台词，热得满身大汗也不敢动弹。”

差不多与此同时，李门考进了国民政府广州市土地局地籍图册编订处当入册员，半工半读。

如今，有关李门在大学的情况多有失漏所记不详。但是可以想见，以李门的勤奋与聪明、热情与干劲，他定然不会辜负大好时光，必有优异的表现。我们至今仍可以从他戴着学士帽的画像，想象其昔日在大学的风采。

李门1936年毕业于广州大学法律系，1937年周庆云为他画像

现存的这张画像是李门从广州大学法律系毕业一年后，由周庆云所绘。或许是根据李门毕业所摄的学士照手绘放大，至今看来仍是形神兼备，神采飞扬。画像上的李门穿戴着学士服帽，半欹着头，脸庞瘦削，双眼澄澈，微抿着嘴唇，显示出坚毅的神情，很有毛泽东的“恰同学少年，风华正茂；书生意气，挥斥方遒，指点江山，激扬文字，粪土当年万户侯”的意思。

锋社鸣镝显英姿

大学毕业后，抗日热潮一浪高过一浪，李门义无反顾地投身于抗日的时代洪流。当时，北平“一二·九”学生运动影响到广州，不少爱国青年特别是大学生，开展了轰轰烈烈的群众运动。游行示威的声势很大，遭到了国民党当局的镇压，造成“荔湾惨案”。惨案过后，活动并没有归于沉寂。许多爱国青年自发组织起各种抗日救亡团体，运用各种宣传武器，呼吁人民群众开展抗日斗争。

戏剧是最生动、活泼的宣传武器，在整个抗日救亡运动中，都站在斗争的前哨，它形象生动，通俗易懂，为群众所喜闻乐见。抗战前后，广州已经有三个比较大的话剧团体——锋社、艺协和蓝白，前二者一开始便由地下党领导，蓝白在和艺协剧团合流后也接受了地下党的直接领导，做了大量宣传抗战的工作。

源自一直延续的戏剧情缘和爱国心，李门毫不犹豫地加入了戏剧抗日的大潮。但他之所以参加锋社，其中还有一段因缘：当时他在地籍图册编订处当入册员，刚好市政府的同乐会要排练一些质量较高的戏，他便积极报名参与，挤入候选演员之列，不想竟受到导演张雪峰的青睐。张雪峰觉得他台词念得不错，就让他饰演名剧

1986年纪念锋社成立50周年锋社成员合影

《皮格马林》的主角——艺术家。可以说，张雪峰是李门从事戏剧的第一个伯乐。他是协和、真光、培道等几家教会中学的美术课老师，也是话剧爱好者，曾到日本观光考察过，家里备有各式各样的舞台照明布景道具。当时学校"剧运"蓬勃兴起，不少学校都成立了剧团，定期演出，有些在期末还有班际比赛。张雪峰成为核心以后，聚集了一些社会青年，作为助手到学校进行辅导。这些爱好戏剧的青年里头就有李门、李悲而等，他们后来成为锋社的骨干力量。

锋社原名峰社，是以组织者张雪峰的名字命名的（见何芷《抗日烽火中的广州三大剧社》），后来才改为"锋社"，意为抗日先锋，并制有社章、社旗和以锋利的箭矢（或曰金镞）为标志的

20世纪30年代锋社、艺协少年组的同志合影

社徽，象征着要肩负抗日救亡前锋之责，如利箭一样，射向日本侵略者。

1936年9月18日，广州锋社话剧团在中国共产党的领导下进行改组，成为抗日救亡的革命团体。这是为纪念“九一八”事变而采取的行动。剧团成立的标志是在当时的省民众教育馆内上演国防戏剧《汉奸的子孙》《走私》《父子兄弟》，号召各界群众为打倒日本帝国主义和汉奸卖国贼而进行不屈不挠的斗争。

不过其成立和演出并不是一帆风顺的。他们历经各种困难，好不容易才找到省民众教育馆的礼堂做演出地点。演出时间将到，一切准备就绪，观众也已鱼贯入场，一家汽水厂还特地送来几箱汽水表示支持。事情正有条不紊地进行。

李门当晚也要上场表演，正在化妆，突然被省民众教育馆的人叫去谈话。一个官员说：“奉上峰命令，你们今晚的戏不能演出。”李门当即愤怒地质问为什么，难道爱国有罪吗？这个官员不加解释，态度强硬地要求禁演。高压之下，他们只能宣布演出因故予以推迟。当时群情激愤，唱起了救亡歌曲，人们在《全国总动员》的歌声中陆续离场。虽然表达了一时的气愤，可是李门事后追忆时也有所思考和检讨：“由于那时我们政治修养还不高，政治斗争经验不足，还不懂得掌握策略，就简单地和民众教育馆决裂了，连演剧器材和演出阵地也一起丢掉了。”

锋社成立之初即“锋芒毕露”，而佼佼者易折，它后来是如何能“金镞葆英姿”的呢？那是因为从这以后，他们便吸取经验教

20世纪30年代锋社的抗战宣传标语

训，开始了有策略的战斗和宣传。三部国防戏剧最终在东山培桂中学的小礼堂得以演出。观众来得比上一次还多，挤满了礼堂。演出非常成功，收场时，观众还舍不得离开。紧张动人的剧情使人们又齐齐唱起《全国总动员》来，李门他们来不及卸妆，也跟观众们一道，把喉咙喊得差不多嘶哑了。

1986年锋社成立50周年纪念联欢会上的李门

锋社正式成立后，除了小型演出和开展群众性的组织宣传外，也进行过几次大型的舞台演出，演出剧目有《回春之曲》《我们的故乡》《雷雨》《自由魂》等。在这些大型戏剧中，基本都是李门担纲主演。在《回春之曲》中，他和邓竹筠分饰洪思训和黄碧如，在《我们的故乡》里也分饰夫妇。

本来在曹禺的《雷雨》一剧中，二人仍是饰演夫妇，李门饰演周朴园，邓竹筠饰演繁漪。可是邓竹筠当时因为跟张雪峰谈恋爱闹了矛盾，演完第一次《雷雨》之后，坚决不肯再演。李门顾全大局，多番恳求，甚至跪请，都没法让邓回心转意。于是繁漪改由梁绮饰演。当时离正式演出只有三天，大家同心协力，总算在1937年夏天的长堤青年会演出了。这是在广州的第一次“公演”，颇受广州观众的欢迎。后来李门也饰演过周萍。

在《自由魂》一剧中，李门扮演李曦华。这部剧是赵慧琛从俄国的《夜未央》改编而来，原作有点虚无主义色彩，改编为中国故事后，多少摆脱了原来的痕迹。李门和后来的妻子老庄、堂兄弟李依平、同乡兄弟李悲而、小妹李惠莲都参加了演出。由于战事吃紧，该剧只演了一场就再没有机会演出，但它表达了当时的青年对自由的向往。后来老庄所撰的《沧桑自由魂》一书的书名即出自此剧名。

1937年春，戏剧支部成立，领导锋社和艺协两个剧团。翌年，锋社独立成立党支部，书记是梁绮。当时锋社同志的生活非常艰苦，可是情绪高昂，充满着革命乐观主义精神。

锋社的工作主要是一些小型活动，运用的武器除了戏剧外，还有歌咏、演讲、标语等，除了在广州，还深入到周边各县的农村。这时张雪峰和邓竹筠已经离开锋社，据李门回忆：

那时的上演剧目有《一致》（描写团结一致的重要）、《月亮上升》（格雷哥里夫人作剧，叙述爱尔兰的民族斗争故事）以及《梁上君子》《湖上的悲剧》《迷眼的沙子》《西哈诺》等。我们联系的学校剧团有协和女中、大中、广雅、兴华、明远、广中等中学。……但是，当时的广州政治环境，是在国民党统治下，还笼罩着一种不抵抗的逆流，我们这批政治水平还不太高的戏剧青年，只能以曲折的方式来团结自己，争取朋友，为净化舞台逐步夺取演出阵地而斗争。

形势越来越紧张，但是锋社的斗志也越来越盛。联合演出规模最大的是历史剧《黄花岗》。在《黄花岗》演出前夕，广东戏剧协会业已成立，文艺界的知名人士夏衍、周钢鸣、司马文森等到了广州。《黄花岗》的演出标志着党领导下的广东戏剧界大团结。参加剧本创作的有夏衍、周钢鸣、胡春冰等人。该剧以黄花岗七十二

1938年演出革命历史剧《黄花岗》。李门（左）饰陈炯明，何芷（右）饰林文，梁绮（中）饰庄汉翘

烈士反清斗争为题材，回顾中国革命的艰苦历程，揭露清政府的腐败无能。在尾声更公然昭示：“东方的凤凰，已经准备好涅槃的香木，投入猛烈的火焰之中，新的凤凰，新的中国就要诞生了！”在此剧中，李门和刘树锴分别饰演陈炯明和姚雨平，都拖着“猪尾”（长辫子），穿起长衫。他们认为这么个大戏，光是化装就极不简单。

为了纪念“八一三”抗战一周年，广州各界举行了规模盛大的支援前线和献金运动，西濠口、十八甫、中央公园以及其他交通要冲都搭建了献金台。锋社的同志也主动把自己为数不多的钱捐献出去，而且每天晚上，都会分成几路到各个献金台上表演一些小节目。李门回忆说：“当我们演出《放下你的鞭子》刚结束，台下的铜板和银币就如雨点一般向演员身上撒来。可见民心不可侮，伟大的中国人民是不可能被征服的。”献金运动募捐来的钱物，有一部分用于广州撤退前组成的第四战区。

1938年10月22日，广州沦陷。锋社是在广州沦陷前一晚撤离广州的。广州告急之前，锋社成员已集体参加了省青年抗日先锋队，并根据上级指示参加动员委员会，被编为战时工作队第四艺宣大队，分三个中队，名额45人。大队长是李悲而，大队副为梁绮，李门、梁刚、何芷三人担任中队长。当时锋社成员要随队撤退的有55人，李门的两个妹妹都在其中。李惠莲最小，才11岁。而宋琪、老庄本来家里要求她们到香港去，但她们坚决跟随锋社撤离，不愿意离开抗战工作。人员虽然超过了编制，但都是一块战斗过来的同志，大家都不舍得放弃任何一个战友。

20世纪30年代锋社演出街头剧《放下你的鞭子》

他们撤退搭乘的广三车是最后一班，夏衍、林林也跟着锋社成员一块撤退。车站人山人海，水泄不通。夏衍还是由李门他们从车厢的窗口拖进去的，其狼狈之状，可想而知，艰险之情，亦难以言表。

锋社撤离广州之后的第一站，是清远石角。他们在那里召开群众宣传大会，演讲、唱歌、演戏，还派出小分队下乡或到附近宣传，协助组织武装自卫队，还同学校联系，举办妇女、儿童识字班，宣传时事形势，讲解全民动员抗日救国的道理。后来得知第四战区动员委员会已搬到四会县城，便随之转移到四会。

为了便于开展抗日宣传工作，第四艺宣大队分为三个队进行活动。一个队驻四会县城（总队部），由李悲而、李门负责；一个队驻黄岗，由梁绮负责；一个队驻大沙，由梁刚负责。后来总队部迁往陶冲。

在四会县城、黄岗、清塘，他们同第四战区政治大队的梁均、陈坤仪、杨重华等共同战斗了一段时间，彼此工作上互相支援。当时动委会准备转往韶关，李门他们与动委会联系的时候，适逢黄谷柳（《虾球传》的作者，时任第十二集团军属下部队一五四师政治部科长）到动委会请求调拨宣传队到该师加强抗战宣传工作，于是锋社全体成员随黄谷柳奔赴从化牛背脊前线。

他们的工作是协助各团政训室给士兵上政治课，讲授日本侵华史，教士兵识字唱歌，鼓舞士气，提高士兵的民族精神，还发动群众，组织军民合作站，举办民众夜校、妇女儿童识字班，建立战时伤兵转运站等。

50年后的1986年9月18日，在世的一班老战友相聚，举行锋社50周年纪念，李门回首往事，填写了一阕《临江仙·锋社团庆》：“一曲动员嘶战马，硝烟云树迷离。石榴花顶见旌旗，高台粉墨，壮绝抗倭词。昼夜山城风带雨，东江正好驰驱。几番辛苦迓朝曦。春秋半百，金镞葆英姿。”

细读此词，其澎湃激昂的英雄气跃然纸上，或可与“壮岁旌旗拥万夫”并观，诚非曲子词所能缚得住的。而其中“昼夜山城风带雨，东江正好驰驱”描写的正是后来锋社辗转到韶关，与其他剧团组成七政大，而后七政大又转入东纵，组成鲁迅艺宣队的旧事。可见锋社就有如播种机一般，为后来的广东戏剧抗日救国培育了许多的燎原火种。

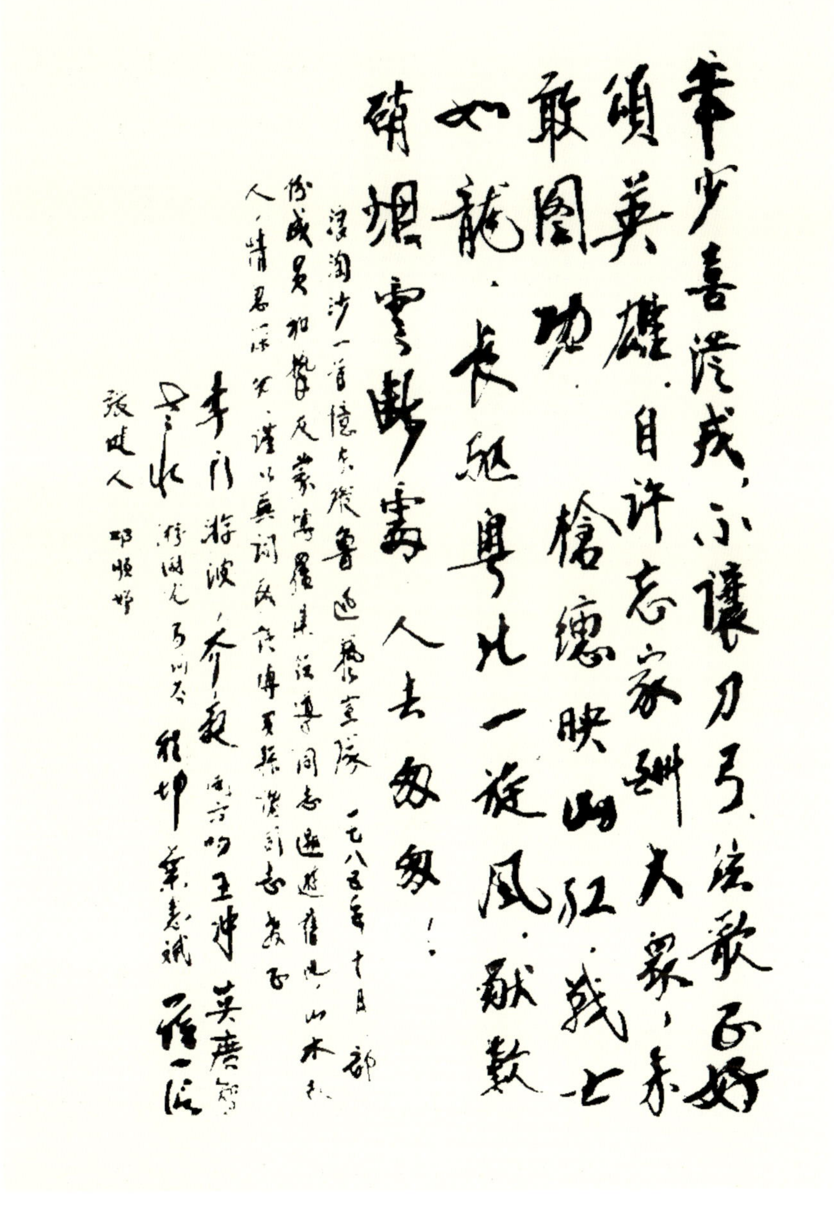

李门为纪念锋社成立50周年创作并手书《浪淘沙》

驰骋粤北七政大

著名戏剧艺术家
欧阳予倩（1889—1962）

1941年皖南事变后，政治逆流涌来，第四艺宣大队从前线被调回韶关，与从前线调回的六十三军政工队组成第七战区政治部政治大队（简称“七政大”）。七政大里边主要是锋社、艺协、蓝白的大部分同志。一般人所称的七政大，就是1941年到1944年在韶关开展进步演剧活动的团体。它和兄弟团体抗战演剧第七队一样，是执行党中央、周恩来和广东省委的指示而进行工作的。

当时，有些锋芒较露的同志被撤走，平时比较隐蔽的同志则继续坚守。李门和游波成为党组织负责人。成立不久，李门即带着七政大的部分同志到桂林欧阳予倩主持的广西艺术馆取经，请田汉、欧阳予倩等人为他们讲课。适逢广西艺术馆正在排练新戏《忠王李秀成》，这个剧本主要是讲太平天国起义的著名将领忠王李秀成，他忠于天国，为确保南京安全尽了全力，最终被俘牺牲。

这个剧本的用意和郭沫若当时所写的历史剧一样，都有所寄托，旨在以古喻今，有现实教育意义。他们试图通过此剧，昭示群众坚持抗战，忠于人民，同时讽刺那些不顾民生国计的贪官污吏。剧本的主题好，艺术上也吸取了戏曲编剧的长处，是一个富有民族特点的新话剧。

中国现代戏剧奠基人
田汉（1898—1968）

李门他们看完《忠王李秀成》的剧本后非常喜欢，就将剧本带回韶关，着手筹备排练，准备将它作为七政大在韶关演出的第一炮。

为了更好地了解和诠释李秀成这个历史人物，李门还专门从中山大学借了一本英国人呤唎写的《太平天国革命亲历记》。书是英文版，李门凭借着他良好的英文功底，翻译了有关李秀成的那部分，并发表在《建国日报》上。

这部剧在导演、演员、服装、舞美上都花了不少心血。导演是陈卓猷，用的是斯坦尼的现实主义方法，但融合了一些戏曲的东西。卓文彬饰演忠王，何芸饰演忠王夫人。李门本来是要饰演忠王，而且已经排了几幕，不巧在前方得了癞疾，走路不便，难免影响排练。陈卓猷不好直接提出，便让大队长出面调换他的角色，李门饰演洪秀全，兼饰清官林福祥。林福祥戏不多，但吃重，李门对人物内心把握得恰到好处，为研究斯坦尼的艺专校长赵如琳所赞许。对于洪秀全一角，李门听过欧阳予倩对戏曲的论述，自己也做了一番揣摩，想到运用一些适宜的戏曲手法来表演：在音乐声中洪秀全由宫女簇拥出场，闭上双目，坐下身躯不动，等到李秀成劝他迁都时，突然“啊”的一声双目圆睁。李门还有意用变声来表现这个晚年昏庸的天王，整个舞台气氛就变了。陈卓猷对李门的表演也很满意，他告诉李门，如果让你演忠王，可能与卓文彬各有特色。这部剧，游波、叶林、韦丘、何铭思等都参加了。何铭思的角色，虽然是跑龙套，但他认真尽责，从来不出一点儿差错。他还兼任司幕员，负责开幕和落幕之职。

《忠王李秀成》的上演，给韶关带来了健全的艺术气氛，呐喊出正义的呼声，为坚持抗战、坚持进步增添了一份力量，受到了群众的喜爱。它总共演出了一百多场，这在话剧史上是很少见的。由此，七政大也积累了一些钱，于是计划自己建一间简易剧场（名为大众剧场），以此挣脱戏院老板的羁勒。图纸都已经由队员画好了，但由于战局关系，最终没有付诸实施。

1942年七政大在韶关曲江演出的《天国春秋》中的洪宣娇（乔毅饰）

《忠王李秀成》一剧打响之后，七政大接着又排演了阳翰笙创作的《天国春秋》。这个戏写的是太平天国领导集团内讧的悲剧。许拟庄当导演，李门饰演杨秀清，乔毅饰演洪宣娇，林青而饰演傅善祥，马孟平饰演韦昌辉。剧中东王杨秀清作为正面人物、北王韦昌辉作为反面人物出现。其中有韦昌辉杀了东王一家之后，又谋害翼王石达开，洪宣娇一声哭叫“又杀一家”的情节，和洪宣娇杀了傅善祥之后自己忏悔的“自己人打自己人，自己的兄弟杀自己的兄弟”的台词，很明显，作者是在暗喻国民党搞摩擦、制造分裂的罪行。国民党当局看出了这点，要求他们修改台词。七政大表面答应修改，在演出的时候仍依照原话讲。他们料定这些人饱食终日，不会亲自到剧场监视，就巧妙地钻了空子。这戏除了在韶关演出外，还在坪石对中山大学等校的学生演出，很受欢迎。1944年西南剧展的时候，该剧改名《洪宣娇》上演，虽然观众很少，但仍有剧评人表示了肯定。1944年《力报》上发表了黄耳的《〈洪宣娇〉演出小论》，认为“可以使我们比较深切地看到广东的演剧水平”，其中专门提到李门的表演："饰演东王的李家梁（李门原名，编者注）演来也不错，相当地将东王的刚愎自用演出，惟似魄力不足，第五幕演来似比前三幕逊色一点。"

为了避开国民党的干扰，当时七政大演出的多是隐喻时弊的历史剧。郭沫若的《虎符》是其中之一。该剧描写的是仗义的信陵君窃符救赵的故事。如姬暗中窃取魏王兵符以救赵国，抗拒暴秦，最终舍生取义，杀身成仁。林青而饰演如姬，李门饰演的是侯嬴，卓文彬、马孟平、乔毅也都参加了演出。

为了演好《虎符》，李门专门写信向郭沫若请教，没想到竟然得到了郭老的答复，郭老甚至在布景、陈设方面都不嫌琐碎地做了详细指示，让他们很受鼓舞。演出后，李门写信向郭沫若汇报，郭沫若专门为他题字留念："勇气与专精，是成功的最大要素，对客观事物，必须用尽全力以处理之，未能称意，死不罢手，天下实无难事。"

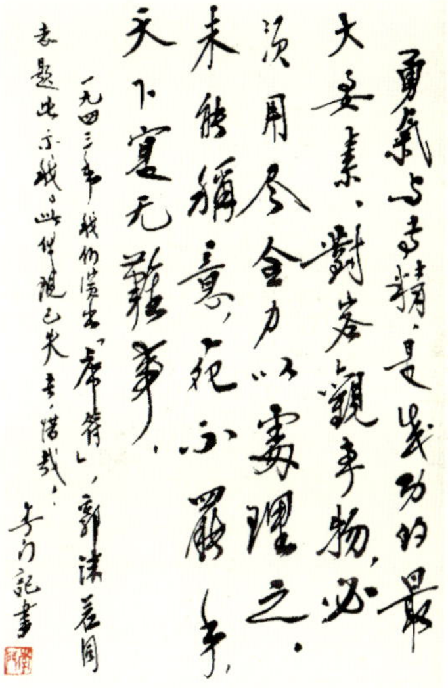

李门抄录郭沫若为七政大演出《虎符》的题词

七政大上演的大型现代戏并不多。曹禺的《蜕变》是较为突出的一个。此剧顾名思义，讲的是除旧布新，希望中国在抗战中出现新的机遇。它揭露国民党官僚统治的贪污腐朽和后方医院的种种弊病，使人"看到大的希望""得着大的勇气"。

在浈江武水之间，七政大还演过不少大型的戏，比如于伶的《大明英烈传》、夏衍的《草木皆兵》、周彦的《朱门怨》、沈浮的《金玉满堂》、宋之的的《祖国在呼唤》等。李门基本都参与演出，在《大明英烈传》中饰演刘伯温。

不过在演艺期间，经常有省府的侦缉（即特务）来看霸王戏，在戏院里胡搅蛮缠。七政大的成员看不惯他们的行为，就故意在门口挂上麻绳，意即要将那些看霸王戏者五花大绑。不消说，那些侦缉老爷是不得其门而入了，因此怀恨在心，散场后，故意拦截殴打归队的七政大同志。一次，当晚没有任务，只是去看戏的李门受伤最重，必须在队里卧病治疗。在韶关演出的粤剧演员练醒民、高飞凤等代表粤剧界到七政大队部慰问，因此双方有了友好往来，互相观摩、互相学习。

当时在韶关活动的剧社不单七政大，还有演剧七队、艺联剧团、复兴剧社、省艺专实验剧团和国民党省府的艺宣队，都属于广东戏剧协会。省剧协常务理事是赵如琳，李门兼剧团联席会议秘书。剧社的种类虽然复杂，但活动基本上掌握在共产党手里，为开展统战工作，团结广大戏剧工作者，坚持抗日斗争做了一定的工作。李门与其他一些剧团关系不错，某年为了筹备戏剧节纪念，话剧界团结了一批粤剧艺人。编剧南海十三郎和演员高飞凤就是其中的代表。南海十三郎还准备为李门和高飞凤撰写一个独幕粤剧，可惜后来未能实现。原因是当时正开展一个“气节运动”，批判那种在日寇统治下进行演出的行为。

1942年广东党组织遭破坏，在当时的国统区停止了组织活动。但七政大的同志奉上级指示，隐蔽下来，广交朋友，加强学习，做好工作。

1944年2月，在欧阳予倩、田汉的主持下，由广西省立艺术馆发起，在桂林举行西南剧展，同时召开西南戏剧工作者大会，参展的有话剧、京剧、桂剧、木偶戏、少数民族舞蹈、杂技等。七政大接到通知后，即向第七战区政治部提出要去桂林参加。当时的主管科长百般阻挠，七政大的同志不服，李门和乔毅就去和政治部主任李煦寰交涉。李煦寰平素和政工队很熟，在李门等的一番说理下，他知道剧展由官方的广西艺术馆发起，并由广西省政府主席黄旭初担任大会会长，只好答应了。

广东参加剧展的还有演剧七队、省艺专实验剧团、中山大学剧团、中国艺联剧团等。西南戏剧工作者大会象征着国统区抗战戏剧的大团结、大进军。大会讨论了三十六项议题，内容包括戏剧运动实践、生活教育和学术研究等三大类，包括呼吁豁免戏剧娱乐捐税，改善剧本出版和演出审查制度；研究工厂剧运如何开展，扩大新歌剧研究并推进其运动，成立儿童剧团剧院；加强戏曲和话剧人员的合作等。达成了两项决议：成立中华全国戏剧界抗敌协会西南支会和确立戏剧工作者的正确的工作态度和努力方向，订立了剧人公约。

大会为期三个月，共有33个团体895人参加。闭幕前，田汉做了长篇总结发言，李门做了记录，并交给田汉审阅，在报纸上发表。可惜战火纷飞，这个材料至今没有找到。

不过让李门印象颇深的是，广东戏剧协会常务理事赵如琳在会上做了学术报告，他所提的“艺术是生活的修正”的论题，遭到田汉的批评。田汉认为艺术是生活的提炼和概括，不能称作生活的修正。这让李门他们醒悟过来，在艺术理论上有了进一步的认识。

共谱鲁艺硝烟曲

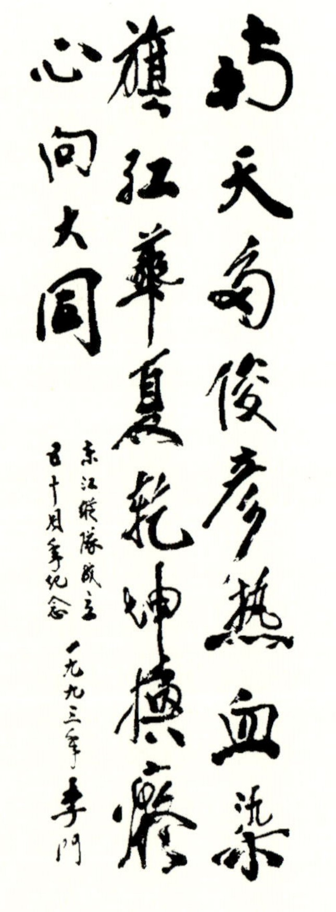

《东江纵队成立五十周年纪念》，1993年李门撰并书“南天多俊彦，热血染旗红。华夏乾坤换，痴心向大同”

1944年年末，因粤北省委被破坏而停止组织活动，七政大被要求隐蔽下来。党组织估计日本侵略军会在1945年元旦前后攻打韶关，正面打通粤汉线，到时国民党军队可能撤退。于是，党指示七政大的党员和一些思想进步的同志撤退到东江纵队。

撤退的任务就交由七政大党组织负责人谋划从事。当时，游波是七政大二中队的负责人，李门是七政大三中队的负责人，他们和上级党组织派来的乔毅商议后决定，把留在七政大的17名锋社成员及从东江纵队转来参加七政大的何铭思等分成五批，采取三条路线和设计好接头暗号秘密撤走。要撤退的人员都分别采取合法的和不合法的、真实的和虚假的方法请假或悄悄离去。总之尽量隐蔽、分散，以免引起国民党当局的怀疑和注意。前后三个月的时间，七政大转到东江纵队的同志全部安全到达。转入东纵的历程曲折艰苦，却为七政大的成员成为名副其实的游击队队员打下了思想和行动的基础。

1945年，广东区党委、广东军政委员会和东江纵队司令部就驻扎在博罗县罗浮山冲虚观一带。冲虚观旁边有一个天然的广场，指战员们就在那里练兵和开大会。那时，观前的米兰正开得繁茂，芬芳的气息荡漾在早晨带点潮湿的空气里，使人精神振奋，李门不觉油然生出“笑对硝烟志更豪”之情。李门对罗浮山、冲虚观的感情很深，1983年故地重游的时候，他特地写了《七月冲虚观》一文，回忆过往：“每当宣传队整训的时候，大家就聚集在那儿。在晚饭后夕阳挂在树梢的当儿，我和战友也常常在古观前展读从连队捎来的战友们的信件，交谈着战地艺宣工作和生活趣事，彼此总是乐呵呵的，所谓征尘仆仆，在我们眼里算不了什么一回事。”

1945年春，曾集合历史较长的东江流动剧团、“拖拉机”政工队和青年干部训练班的刚到东江的剧人和青年认真学习《在延安文艺座谈会上的讲话》，并做了一次检阅性演出。大家通过演出、交流，进一步明确了话剧应该为工农兵服务的方向。各期青干班结业后，分别组成了铁流、捷克、星火、海燕等政工队，后来从各队抽调艺术骨干，以原来七政大的同志为主成立鲁迅艺术宣传队，简称“鲁艺”，随主力部队北上。李门担任队长，游波任党支部书记，队员30多人。

在北上誓师大会的当天晚上，鲁迅艺宣队和部队召开了激情洋溢、紧张热烈的动员联欢晚会，演出了《卖八宝糖》等节目，而后雄赳赳、气昂昂地挺进粤北。他们随北上部队跨过博罗、龙门、新丰、曲江、翁源、始兴、南雄各县，战斗在粤北、赣南山区。由于常遭围追堵截，战斗频繁，行军艰苦，文艺队伍的同志分散下连

1993年11月25日，原东江纵队文艺工作者集会，李门代表鲁迅艺宣队演唱

队，做宣传鼓动工作。跟随政治部工作的李门除了担任艺宣股股长外，曾被派去第五支队协助起草宣传文件，又曾奉命深入国民党乡公所，策动乡长接应我军，后来又回政治部工作。

政治部里有个朝鲜来的同志，叫韩青。李门与他结下了深厚的情谊。韩青是日本帝国大学的毕业生，本是日军的飞行员，但对日本帝国主义的非正义战争抱有不满的情绪。有一次他驾着飞机，在东江河上空遇到狂风暴雨，跳伞降落到我军的根据地。民兵们把他送到敌工科，后来他愉快地参加了朝鲜独立同盟。他是一个高个子，有着方正的脸膛和细长的眼睛，称得上是个漂亮青年。韩青懂英语，也能说一点普通话，所以和李门交谈很方便。他善于唱歌、绘画和体育运动。部队休整的时候，就由他带领大家做“丹麦式的柔软体操”，对舒展筋骨有比较好的效果。

在行军过程中，他们经常风餐露宿。李门曾回忆起在粤北山沟露宿的情形：

粤北山沟在晚上更是一派严寒的天气，冷月悬空，透过疏疏密密的树叶，把清清的影子投在给夜雾打湿了的山地上。仅有的草房子给司令部安放文件箱，我们随便在露天睡觉。我把手枪放在做枕头用的背包底下，拥着半张破毛毡，棉军衣把身子裹得严严的，躺在墙脚外面，仰望着天边的残月，想起几十天来粤北的战斗，想起何虹（鲁迅艺宣队牺牲的同志——编者注），想起了牺牲了的其他同志，想起就要和北方来的老大哥部队会师，真的浮想联翩，无法入睡。这个地方不是什么名胜，当前万籁俱寂的景象却确实有点"清幽"，但人们的心情并不如此，我翻来覆去睡不着，觉得我们的战斗正未有穷期。陈毅同志《油山埋伏》所歌唱的"持枪推枕猛起坐，宛似鏖兵在战场"，真是说得入木三分。我们当时的心情就是这样的。

这段描写今天读来真似一篇优美的散文，由此也可以看出李门在恶劣环境下的一种乐观主义的革命精神。

日本投降之后，革命形势发生变化，本拟南下开辟五岭根据地的三五九旅奉命回师，中央指示北上部队在粤北山区独立开展新区游击战争，部队开始采取小股武装活动。鲁迅艺宣队遂一分为二，一部分人坚持在粤北油山当武工队，比较集中的有游波、乔毅、韦丘、李昭、张芬五人，在"小陈武工队"做宣传工作，并带

朝鲜战友韩青所绘的李门画像（素描）

动了武工队三四十人一同参加文艺演出活动，亦文亦武，武工队又是文工队，使游击区的文艺工作同武装工作水乳交融地结合在一起。另一部分则被派回香港，其中就有队长李门和叶惠彬，也就有了香港中原剧艺社的诞生。后来的莫广智、老庄、何菲、练芳都设法回到大后方和香港。

韩青也要返回他的祖国，临别时，他用铅笔为李门画了一个像，遒劲的笔触刻画出李门当年的英姿。他知道李门的竹帽破了，还把以前司令部特别发给的竹帽送给李门，李门觉得这象征着中朝人民的友谊，向他挥舞着竹帽送别。多年之后，李门重登梅岭，仍旧回想起昔日壮别的情景，写下了“送帽昔年同忍泪”的悲壮诗句以及《梅岭行》数首，心赠朝鲜友人韩青。

梅岭行

天半岭南第一关，梅花高处不胜寒。
传闻阳月南飞雁，结队至此即回还。
红旗飘舞喜天翻，珠玑古巷现新颜。
南粤大地春回暖，谷满仓来歌满山。

幸福当知来不易，且说东纵北进史。
顶风冒雨越梅岭，国际悲歌扬士气。
铮铮儿女多奇志，敌顽未灭战不止。
为争解放献头颅，热血誓写翻身字。

飞将军从天外来，弃暗投明彩云开。
反战同盟组织起，日朝人民何雄哉！
转战粤赣不辞苦，登山涉水踏蒿菜。
革命召唤回故土，与我同清万里埃。

我今放歌梅关上，往日风霜明如掌。
前人英烈励今人，战士彼此心相向。
祖国建设日千里，大庆大寨为榜样。
我虽戎场一小卒，也应力疾朝前闯。

苍茫宇宙起风云，第三世界组新军。
风虎云龙反两霸，中国族当带头人。
重登梅岭倍精神，纵目山川浩气存。
寸心飞向海内外，何日全球共此春。

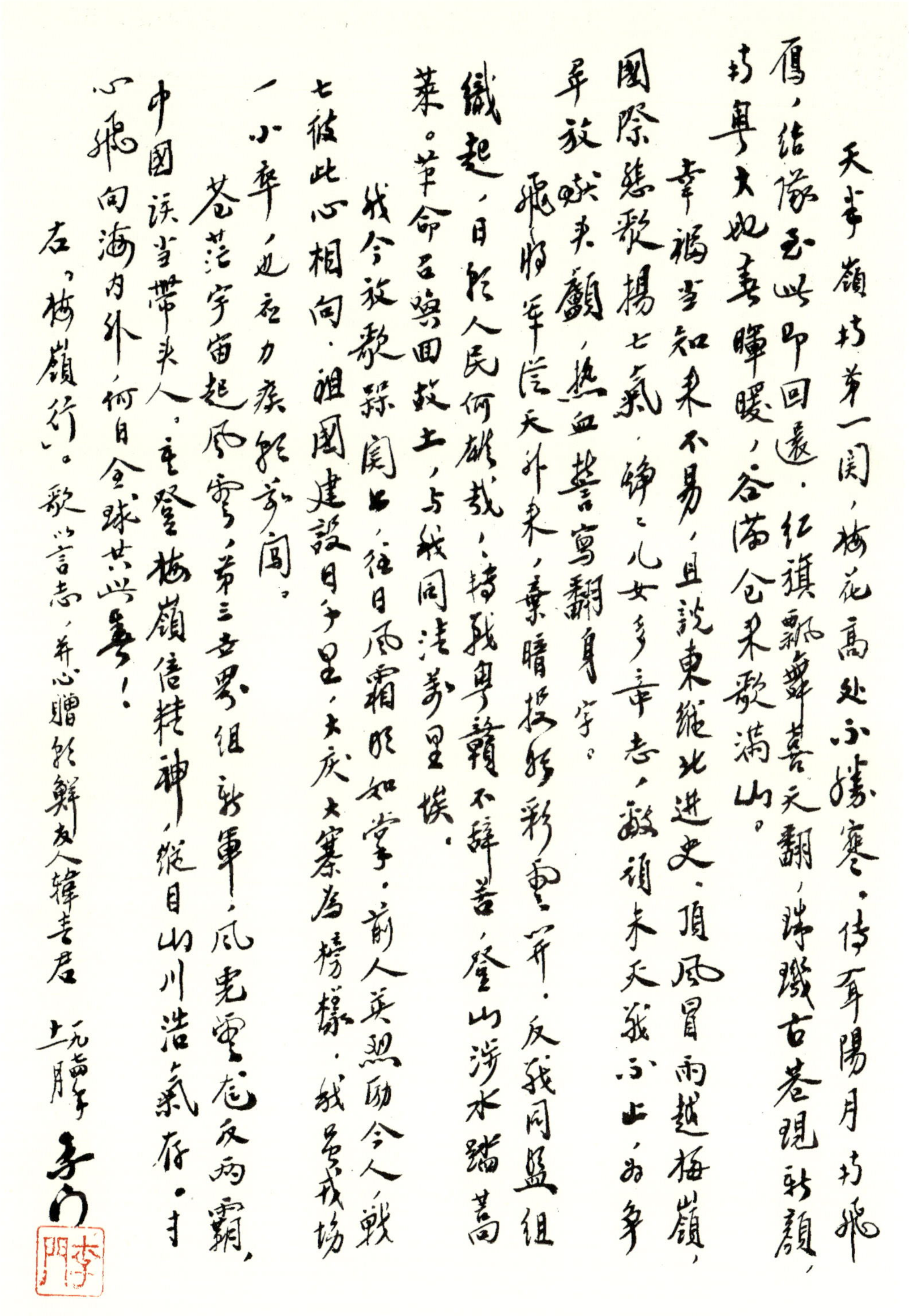

天下嶺南第一関，梅花高处不勝寒。待看陽月南飛雁，结隊去此即回還。紅旗飄舞普天翻，跳躍古巷現新顏，南粤大地春暉暖，谷满仓来歌满山。

幸福当知来不易，且説東縱北進史。頂風冒雨越梅嶺，國際慈歌揚士氣。錚錚儿女多壮志，敢捐未天我不止，为争早放蛱夹關，熱血誓寫翻身字。

飛將軍営天外来，業晴投彩雲开。反我同盟組織起，越人民何雄哉，携我粤贛不辞苦，登山涉水踏蒿萊。革命召唤回故土，与我同志萬里埃。

我今放歌踪関上，往日風霜歴如掌。前人英烈励今人，戰友彼此心相向。祖國建設日千里，大庆大寨為榜樣。我当戰场一小卒，也在力疾能前闯。

苍茫宇宙起風雲，第三世界組新軍。風光電龙反两霸，中国决当帶头人。重登梅嶺倍精神，縱目山川浩氣存。寸心飛向海内外，何日全球共此春！

右《梅嶺行》。歌以言志，并以赠朝鲜友人韓書君

一九七四年十一月　李門

李門

主持中原剧艺社

抗战胜利后，由于战斗频繁，伤病员日渐增多，进步文化人在广州难以立足。组织决定，非武装人员除部队人员在粤赣湘边界开展游击战争外，其余回国统区或港澳地区工作，开展支援内地争取民主与解放的公开宣传活动。

1945年9月的一天，广东人民抗日游击队东江纵队政治部主任杨康华通知李门，说文化界人士大都要回到省港去搞地下工作，待组织上弄到国民党乡公所的证件后就可立即出发。至于在香港如何找到东江纵队，则要靠各自发挥聪明才智。李门遂从南雄出发，辗转回到广州，与正在广州养病的老庄意外相逢，才恍然明白，之前所听闻对方战死的消息都是谣言。这回相见，二人遂坚定了“执子之手，与子偕老”的意愿。几天后，李门和老庄搭火车赴香港寻找组织。他们两人后来也在香港完婚。

当时李门的庶母住在九龙，安排他们住到香港干诺道。其时，老庄的四哥老洪堂也在香港，是银行的高级职员，二人考虑到他人脉广，认识的人多，便央求他介绍工作。老洪堂带来消息说：你们认识的何秋明嫁给了东江富商“张先生”，他那边不愁没工作。并帮他们找来了张先生的住址。

纪念锋社话剧团成立60周年、中原剧艺社成立50周年纪念联欢会上，李门与战友相聚一堂

李门他们按照地址前去，才发现张先生原来就是中共广东区委秘书长饶彰风，也就是他们所要找的上级。四位故人相见，不胜唏嘘。李门暂时被安排参加《华商报》复刊的筹备工作。

《华商报》创刊于1941年，后因香港沦陷停刊，抗战胜利后于1946年复刊，旧址在香港岛干诺道中123号。李门先是在报社

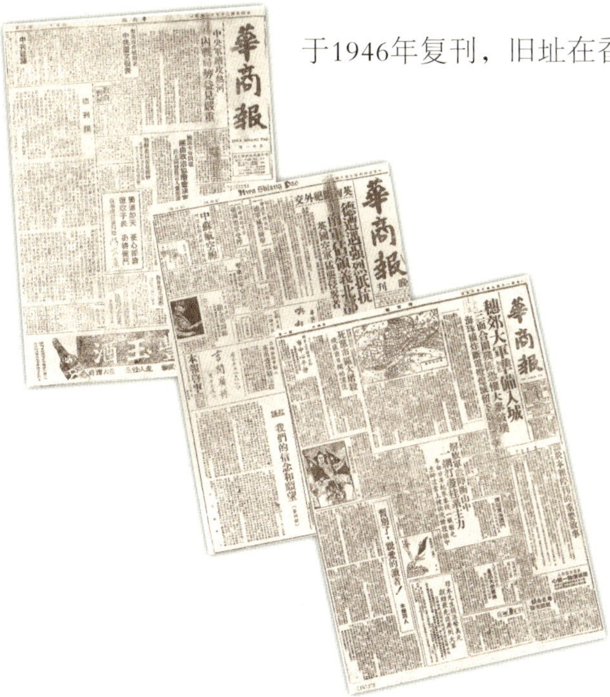

Hwa Shiang Pao

華商報 晚刊

英甸斷絕外交

德遭遇强烈抵抗

南軍佔領義北部

中蘇航空線

喚起僑胞

本報啓事

我們的信念和願望

《华商报》创刊、复刊、终刊第一版

担任记者。虽然在华商报社的时间颇为短暂，但他对《华商报》一直有很深的感情。1947年秋，《华商报》经济十分困难，读者群众发动救报运动。李门专门托人送来中原剧艺社捐助给报社的一笔演出收入，还代表剧社写来一封亲笔信，其中有一句："石在，火种不灭。人在，力气是不会完的。"后来在《华商报》创刊50周年和60周年纪念的时候，李门都题诗纪念。一为"半世纪来风雨声，董狐史笔未曾停。文章得失千年事，论世知人待后评"；一为"春风秋雨太平山，笔政操劳岁月艰。大野两番征战急，于今安定庆珠还"。而对于饶彰风和何秋明夫妇，李门也怀有很深的感情。饶彰风在"文革"时被陷害死于乐昌，1974年得以昭雪，李门专门题诗悼念这位老领导："乐昌纵有遮天雪，尸骨嶙峋未畏寒。今日东风欣送暖，同袍八百泪阑干。"

1946年3月18日，饶彰风授意阮洪川（党员）和李枫二人组织中原剧艺社。最终的成员是符公望、罗志雄等人，理事长为李枫。中原剧艺社第一次参加的活动是纪念冼星海音乐大会。在纪念大会上，中原剧艺社和建国剧艺社联唱的《黄河大合唱》以激越的感情和雄壮的歌声引起了听众的深切共鸣。当时，中原剧艺社准备出巨款置办服装排演大型话剧《清宫外史》，后来内部出现分歧，陈冠芳等一批人离开，另组织了沙漠旅行剧社，《清宫外史》遂搁置。饶彰风便调李门、梁克寒、马孟平等到中原剧艺社，林榆、林奕等随后也加入，阵容堪称鼎盛。在阮洪川之下，李、梁、马组成了党支委会。中原剧艺社的社徽是挂着花环的牛头，蕴含"俯首甘为孺

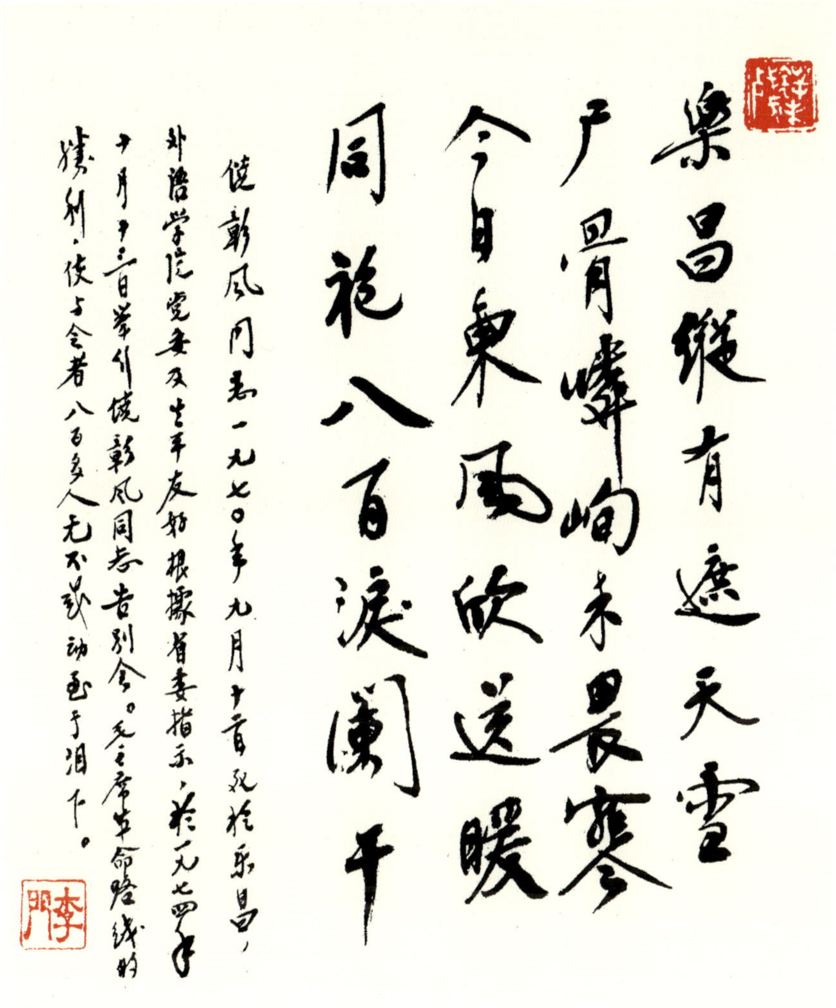

1974年李门作诗悼念
老领导饶彰风

子牛”的意思。每个社员都要佩戴，用以激励自己。

中原剧艺社的主要工作有戏剧演出，广播剧的制作，表演舞蹈、粤曲小调和方言文艺，推广苏联电影及演出歌剧《白毛女》等。由于坚持了民族化、大众化的艺术主张，做了许多有益的戏剧普及工作。李门在撰写的《香港中原剧艺社的足迹》一文中，对其开展的各项文化艺术活动有着详细而生动的记录。

1990年，香港中原剧艺社同仁回穗后合影。后排右起第四人是李门

1946年5月改组后，中原剧艺社在利舞台公演讽刺荒诞剧《气死阎罗王》。该剧由罗志雄编导，李门等主演，主要针对国统区的腐败现象而写，演出效果很好。可是后来走“大剧场路线”，中原剧艺社第一个售票公演的剧目《朱门怨》，却叫好不叫座。因为院租昂贵，观众不多，剧社亏本。吸取经验教训之后，组织上决定不再粗浅支持剧社，让社员自由择业。支委会和符公望研究之后，不甘放弃党的戏剧事业，在1946年年底做出决定，让社员自谋社会职业，以薪金的百分之十支持剧社，继续开展演出及辅导工会、学校的戏剧活动。

当时他们的想法是去谋教职。但是在香港教书需要经过香港教育司的核准，而他们中的绝大多数都没有毕业证，只有李门还保留着香港大学1932年所发的全港会考初级考试及格证，等于中学毕业证书，可以不经口试获准教授中学英文课程。后来，社内的美工罗中想了一个办法，买来各种证书原件，填上名字及校名，用番薯刻好各种校章盖上，完全以假乱真，瞒过了教育司的检查，而且被口试的人员在各科均对答如流，所以都当上了教员。当然，他们也都克尽厥职，常常在演出照明闸板旁边批改学生的作业。李门据说一个月可有两三百元。如此一来，中原剧艺社的工作有了很大的改进，社员的情绪更加高涨。

中原剧艺社不久改属新建的中共中央香港分局文委直接领导，这还是李门拿着饶彰风的字条，在香港大酒店二楼和冯乃超正式接上关系的。当时文委领导工作的是邵荃麟、冯乃超和周而复。冯乃超、周而复对中原剧艺社的做法都给予了肯定。中原剧艺社还请国际问题专家刘思慕、乔冠华做报告，经常参加港澳文协和港九剧协所组织的讨论和演出活动，让社员得到思想和艺术的启迪。

1948年下半年文委分支部成立，林林为书记，李门和麦青为委员，管理歌剧团、中华音乐学院、新民主出版社等的党务工作。

中原剧艺社的主要人员合影。前排（右起）：马孟平、梁枫（克寒）、李门、林奕，后排（右起）：倪路、林榆、徐严、胡均

中原剧艺社曾参加中英学会的活动，在军管的景星戏院演出了《阿Q正传》，在普通剧院的普及演出方面，演过陈白尘的《升官图》、李健吾的《双喜临门》、高尔基的《夜店》等。他们把香港岛以外的元朗、长洲、香港仔都跑遍了。《阿Q正传》《升官图》等剧是由章泯导演的，获得了中英学会以及基层大众的普遍欢迎。章泯是党组长，公开场合大家称他为谢先生（谢韵心），正是他和郑君里最早翻译了斯坦尼的《演员自我修养》，开创了中国研究斯氏体系的风气。

瞿白音也是导演。他不像章泯那样严肃，比较活泼，在排练场上常会讲几句广东话。《以身作则》一剧中，他设计了目前介绍人物的方法，并要李门写一段粤曲小调唱词，由人物“自报家门”，引起普罗大众很大的兴致。

这或许是李门创作粤曲的开始。据李门自言，他幼年绝少看粤剧，只是有时跟着庶母或店中伙计去“打戏钉”（看尾场，票价便宜），慢慢有了兴趣，就跟着伙计们学唱，居然一学就上口。参加锋社在广州街头宣传或在东江纵队鲁迅艺宣队的时候，他常常以粤曲吸引观众，由此体认了大众文艺的长处，也在民族气派方面受到一些无形的熏陶。后来香港文协开会的时候，李门就唱自己改编的龙舟说唱《祥林嫂》，在母校圣约瑟书院礼堂举行的联欢会上也演出杂耍《卖梨膏糖》。这个“普及文艺的方针”，以后也一直为李门所坚持。只是他没有料到，后来因为他支持粤剧《山东响马》，却惹了一连串“无妄之灾”。

由于业余剧团的发展，特别是工会剧团（包括电车、电灯、巴士、船坞、邮务等）的活跃，出现了所谓演出上的天台路线，即工会剧团在会址的天台上演出，费用节约，有不少自编自演甚至现身说法的通俗演出，喊出了工人爱国和自助的呼声，宣传支援解放战争及向厂方提出改善生活待遇等等，成为工人们自我教育、自我娱乐的好去处。

在此情境之下，港九戏剧协会于1947年1月17日成立。李门主持工作。108位戏剧工作者举行了三天的联演，以独幕剧为主。学校戏剧方面有达德学院的《少年游》等。其中《240号房》是李门由苏联话剧《养猪的女人》改编而成的中国化独幕喜剧，描写了一位劳动妇女成长为知识分子的历程，后来在女青年会刊物《香港女声》上发表。

在香港后期，李门兼了文委分支部的工作，登台的机会相对减少。可是他仍未能忘怀演员工作，还登台演出过说书《金阿英跳海》和一些广播电台播出节目。中原剧艺社还拍过不少电影，《珠江泪》就是其一。另外还和建国剧艺社的同志一道搞过翻译配音。主要把普通话影片配音翻译为粤语，所配影片的主角有胡蝶、周璇、舒适、王豪、吕玉堃等，影片有胡蝶主演的《春之梦》和历史旧片《千里送京娘》《梁红玉》等，深受粤语观众的欢迎。

1948年，引起最大轰动的是由中原剧艺社、建国剧艺社、新音乐社联合演出的解放区歌剧《白毛女》，该剧的演出获得了巨大成功，李门负责舞台监督。但是就在同年，香港当局开始搜捕进步

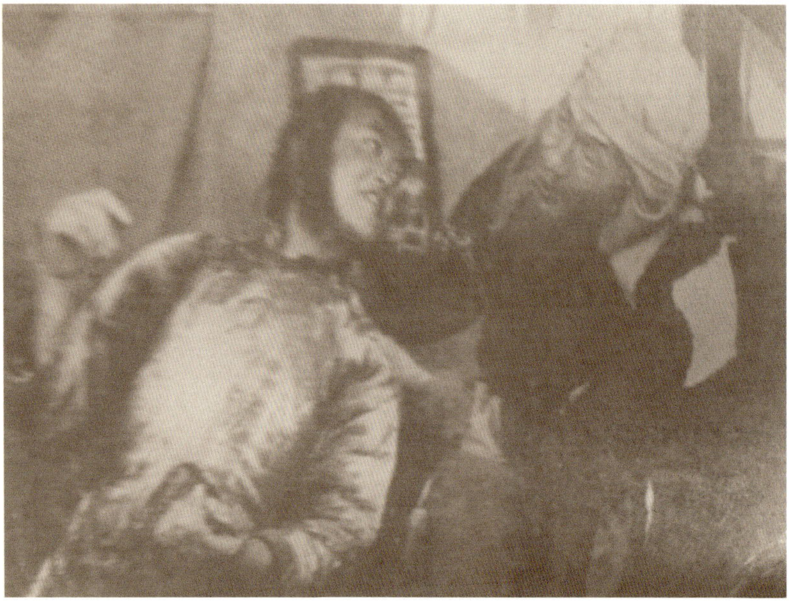

1948年，由中原剧艺社等联合演出的解放区歌剧《白毛女》大获成功。华英饰喜儿，谭军饰杨白劳，李门负责舞台监督

人士，中原剧艺社的同志逐步被安排进入游击区。

1949年春天，正是解放前夕，中共中央华南分局根据党中央的指示，为解放华南培训干部，决定把长期坚持在香港推行进步戏剧活动的中国歌舞剧艺社和中原剧艺社以及青委属下各个进步文化、艺术青年社团的骨干，混合组成一个文化工作团，开赴东江游击区，配合粤赣湘和闽粤赣边纵部队工作。正式定名为“中国人民解放军华南文化工作团”，简称“华南文工团”。团长丁波，政委李门，副团长梁克寒，副政委郑达。

华南文工团在梅县宣布成立，当时全团只有100人左右，团部以下分为一、二、三、四队，每队二三十人不等。由于南下大军压境，迫使敌人南逃，国民党的胡琏兵团窜向兴梅地区，分局领导命令文工团立即转移。于是，由团长丁波、政委李门、副团长梁克寒率领一、二队经大埔向闽赣边境转移，在粤东游击区展开文化艺术工作，为迎接全国解放而奋斗。

解放后，当李门第一次在广州市政府的竹扎礼堂演出《夫妻识字》时，一开口就被台下认出声音，大呼“李门好嘢！”，这让李门大为感动。巧合的是，这也是他第一次演出《皮格马林》的地方。更巧的是，李门自言，他是从扮演一个没有台词的义勇军战士开始的戏剧生涯，后来又以在歌舞剧《乘风破浪解放海南》里扮演一个没有台词的国民党兵结束。而后李门便不得不脱下戏服，走上了新的文化艺术领导岗位，从此向舞台告别了。

1949年两纵文工团南下到达广东河源时，与华南文工团会师

第二章 我自平生爱粉墨 犹记氍毹情似火

“红豆生南国，春来发几枝。愿君多采撷，此物最相思。”

红豆是南国的常见植物，小叶长椭圆，花白色，荚果扁平，种子鲜红色而光亮，甚为美丽，可做装饰品。由于王维的这首诗，红豆成为爱情的象征、相思的隐喻。然而，在李门的人生字典里，南国红豆自有其特别的寓意。

“南国红豆”在今天作为粤剧的代称，最初出自周恩来总理之口。1956年5月17日，在关于昆剧《十五贯》的座谈会上，周恩来勉励大家在正确的道路上奋斗时说：“昆曲是江南兰花，粤剧是南国红豆，都应受到重视。”自此，“南国红豆”成为粤剧的代称。

此语最初的记录者恰是李门，后来收入《周恩来选集》一书的那篇文章，就是主要根据李门和几位与会者的记录整理的。这是李门一生中引以为豪的事情，曾有多次提及。而在他此后的诗词创作中，“红豆”一语也频繁出现，如“红豆灿梨园”“红豆兼收川与昆”“红豆生辉凭沃土”等。

在李门看来，红豆代表粤剧，其花语是坚贞。在悼念战友黄宁婴的词里，

李门外孙女温岚画作《南国红豆》

他这么写道：“坚贞红豆，花发岭南边”。这话“既伤逝者，行自念也”。

当年正是他和黄宁婴、丁波所撰写的《我们对〈山东响马〉讨论中几个问题的看法》一文的表态，导致后来遭误批，被下放农村和铁矿去体验生活。而后又因在海南参与创作《海瑞回朝》，成为“文革”批判的对象。李门在《粉墨集》之《前记》中写道：“建国后，我搞戏剧工作的时间好像很长，其实算起来有两段时间——统共是一十三年——我是离开了戏剧的战斗岗位的：一是一九五八年至一九六〇年下放农村和铁矿，一是林彪、‘四人帮’肆虐时被禁在牛栏。”其人生的际遇起落，真是令人唏嘘。

纵然如此，风狂雨暴之时，李门“受命不迁，生南国兮。深固难徙，更壹志兮”，仍坚守着自己的良心和底线。诗人黄雨1985年在赠其诗中写道：“时艰乱世苦经营，水复山重路几程。肝胆未因劳怨损，浑忘白发又长征。”这是对他的真实写照。

李门自是一株坚贞的南国红豆树。

“南国红豆”发新枝

1950年，为欢迎解放海南的中国人民解放军部队凯旋，华南文工团创作出歌舞剧《乘风破浪解放海南》。同年8月，该剧在广州军管会（即原交际处，现在的迎宾馆）首演，时任广东省政府主席叶剑英、广州市常务副市长朱光和从海南凯旋的英雄模范一起观看了演出。李门尽管公务在身，仍是热情参与其中，上台饰演了一名没有台词的国民党兵。

新中国成立后，从华南文工团分离出广东歌剧院、广州交响乐团、广东省粤剧团、广东省民族音乐研究室、广东省话剧团等文艺团体，甚至整个华南地区的文化战线上到处都是华南文工团战友们的身影。

1950年，广东省立艺术专科学校、广州市立艺术专科学校合并升格为华南人民文学艺术学院，李门为该学院计划委员会21个委员之一。学院成立之后，李门还兼任了华南人民文学艺术学院文学部副教授。解放初期，在周总理签发的任命状中，李门被任命为广东省文化局副局长。

1951年，政务院发出《关于戏曲改革工作的指示》，形成了戏曲改革“百花齐放，推陈出新”的方针。粤剧作为广东最大的戏曲剧种，为适应社会主义发展的需要，多次进行改革，在取得成绩的同时，也有些问题比较突出。比如，从广州解放到1952年，广州上演的剧目虽然有1700多个，但许多剧目只是剧名不同，内容相同，不少剧团日夜换新戏，粗制滥造，剧目内容芜杂，导致舞台艺术出现不健康的东西。

1952年冬，在第一届全国戏曲观摩演出大会上，广东代表团表演了《表忠》《凤仪亭》《别窑》三出折子戏。其中《表忠》获演出二等奖，罗品超、吕玉郎、文觉非、郎筠玉获演员一等奖。但先前的中南会演却暴露了一些问题。时任文化部副部长周扬在做大会总结报告《改革和发展民族戏曲艺术》时，点名批评粤剧："粤剧的整个艺术倾向有极不健全的地方，剧本创作粗制滥造，追求离奇的情节，每个剧本都要凑足六个主角同时登场，并不适当地以奇异服装相炫耀。这一切不但不是艺术，而且恰恰是破坏艺术。"

严厉的批评让李门等广东剧改工作者清醒地意识到，之前的戏剧改革只是一个好的开始，今后的剧改之路还长，需要上下求索。

观摩演出大会结束后，广东省专门成立广东省、广州市参加全国戏曲会演传达学习委员会，临时党组以林山为书记，李门协助他做具体工作，组织了26个单位共2100多名粤剧艺人和戏改干部传达学习观摩演出大会文件。

学习从1952年12月1日到1953年3月底，分为思想发动和改革实践两个阶段，主要有观摩中南西区代表团演出，成立春节剧目研究组展开"春节演好戏"等活动。李门在观摩了中南西区代表团演出之后，发表了一篇题为《向兄弟剧种学习，为做好粤剧改革工作而努力》的文章，提出了他的个人意见和思考：（1）在剧目的整理和修改方面，必须“取其精华，去剔糟粕”；（2）重视学习现实主义的表现手法，糅合现实主义和浪漫主义；（3）在音乐方面非走民族音乐的途径不可。至今看来，李门的这些意见和思路依然不过时。

经过4个月的学习讨论，会议提出戏改新目标——“把帝国主义思想打下去，把优秀民族遗产拿出来”，要求剧团纠正单纯追求票房、不顾社会效益的倾向，清除殖民地文化的恶劣影响，积极挖掘和继承优良传统，在传统基础上不断革新。

1953年，广东成立了以丁波、李门、黄宁婴为首的广东省、广州市戏曲改革委员会。戏改委员会与省、市文化部门联合，吸取过往戏改经验，重点开展剧目整理修编，革新舞台艺术，规范剧团领导和管理工作，广东粤剧取得了显著成绩。1953年8月，《人民日报》发表《全国戏曲会演以来的粤剧界》一文，赞扬“粤剧舞台上出现了一些新的气象”。

戏改一直持续到1957年，其间共修编了200多出剧目，如《白蛇传》《昭君出塞》《梁天来》等传统剧目，以及《搜书院》《柳毅传书》《红花岗》《刘胡兰》等新编剧目。

1955年，广东省粤剧团决定重排新编剧目《搜书院》，将其作为戏改成果赴京演出。这次重排，粤剧团调整了主演，由刚刚从香港回到广州加入省粤剧团的著名粤剧表演艺术家马师曾与红线女

马师曾、红线女的《搜书院》舞台照

担纲。

1956年3月，李门率领广东粤剧团晋京演出粤剧《搜书院》。此时的《搜书院》剧组从编剧、表演、音乐、舞美等方面大胆进行改革，以崭新面貌呈现在首都观众面前，令观众对广东粤剧改革成果刮目相看。前来看戏的观众里还有一位特殊的观众——周恩来总理。他是自己掏钱买的戏票，悄悄来观看演出，一直到演出结束，还到后台看望演职人员。周总理的亲切关怀，让在场的所有人都十分感动。

舞台上大获成功后，广东省文化部门又在1956年6月把《搜书院》改编成电影，搬上银幕，成为这一时期粤剧改革的里程碑。

1956年5月17日，文化部和中国戏剧家协会召集关于昆剧

1956年李门率领广东粤剧团晋京演出粤剧《搜书院》。散场后周恩来总理和红线女等演职人员一起谈心

晋京演出期间，夏衍带领李门一行会见了梅兰芳（前右三）。红线女（前右二）、马师曾（前右四）、李门（后左二）

《十五贯》的座谈会。周总理在会上鼓励大家在正确的道路上奋斗，并用粤剧举例说："粤剧也是受了批评以后奋斗出来的。广东粤剧团代表在中南区会演时受了批评，参加全国戏曲观摩演出后，回去就革新……现在他们埋头苦干，不怕挫折，和老艺人结合搞改革，局面立即改观，使粤剧焕发出了新的光彩。"最后又说："昆曲是江南兰花，粤剧是南国红豆，都应受到重视。"自此，"南国红豆"成为粤剧的代称，而谈话记录者正是率队晋京的李门。

5月24日，周恩来在国务院西花厅接见广东粤剧团一行，逐个询问他们的姓名，知道李门是省文化局副局长时，特别嘱咐要好好地完成工作任务。之后还向新珠和李门询问南派武功整理得怎么样，强调要有文戏，也要有武戏，生旦净丑各行当全面发展。

这是李门"花好月圆的辰光"里值得大书特书的片段。1979年2月所写的《浪淘沙·读周总理讲话》中"红豆灿珠江，语重心长。少林南派好登场。吹角弄箫情并切，百卉飘香"数语，记的便是此事。本次晋京会演在李门1988年发表的《粤剧晋京记》里头有较详细的记载。

李门解放初期为广东粤剧发展做了许多工作，这是他当时的部分工作报告和总结

有關民族戲曲及民間藝術问题的報告

——李门仝志

同志们：

今天訓練班要我来講关于民族戏曲和民间藝術問題。过去许多仝志对于这些问题特别是民族戏曲不了解它是我们民族的遺產，所以往々採取粗暴的態度来对待。今天实在很需要和大家一起来研究一下这问题。现在我想分開三点来講：

1.應該重視民族戏曲和民间藝術：

談到这问题，首先應知道民族戏曲和民间藝術是關係到廣大群众文化生活的。它们都是劳動人民創造出来的东西，所以都有着悠久的歷史和民主性。優秀的遺產都有着深厚的群众基礎。廣东戏中粵剧、潮剧、瓊剧都有许多人看，大家都非常喜愛它，所以影响人民文化生活很大。廣东戏是一個很大的剧種，它不只在廣东上演，就是在廣西、上海、南洋、國外，凡是有廣东人的地方都會演出并且很多人看，所以証明它影响群众文化生活很大。從這些戏中我们看出它慢々發展可以成为一種新歌劇。周揚仝志說这些新的东西现在好像跟舊的东西不能銜接起来。其实舊的不能说它老了没用了就把它丢棄；新的也不是憑空創造出来的，新的东西應該是從舊的傳统慢々改造過来才对。

民间藝術是民间小型的演唱或其他舞蹈等形式。过去我们不了解民间藝術这樣豐富。今天應該吸取它来作为開展民间藝術活動的一個深厚的基礎。其实如粵北的跳春牛、與梅的山歌等都是来自群众的。這些東西过去许多高級的知識份子都很容易对它採取一種輕視的態度。其实这些来自民间深为群众所喜愛的东西，我们都不重視它，這是沒有群众观点的表現。

(2)許多人对民间藝術一就是不聞不问放任自流；一就亂改亂禁採取粗暴的主观急躁的態度。放任自流当然不对。不过今天更要注意的就是粗暴的態度。如白蛇傳是描寫人民要求得到自由美滿生活和封建勢力作斗爭的故事。但下面許多的公安稅局等人說以为白蛇傳是一些迷信神怪的东西，所以要禁。另外牛郎織女一劇是說

关于民間职业剧团工作的几个問題

（李門副局长在56年12月12日剧团工作座談会上的报告）

㈠

我省民間职业剧团共有148个，艺人約共7千多人，根据不完全統計，截至目前止有40多个民間职业剧团已进行整理工作，其中有25个已基本整理完毕，有20个已改为國家剧团，尙有100多个剧团未进行整理工作。

剧团的整理工作是在全省民間职业剧团登記掛鈎工作胜利結束的基礎上进行的。全省民間职业剧团通过登記和归口掛鈎工作，初步摸清了剧团的情况，艺人也在登記和掛鈎的过程中，經过政治思想教育和事实的教育，思想覺悟有了一定程度的提高，各級領导也因此开始轉变了过去对于剧团不夠重視的情况，今年五月和十月間中央和省撥款进行剧团的安排与救济以及各地文化部門积极妥善安排，使剧团在保証演出、增加收入的基础上，逐步改善了艺人的生活，剧团也逐步地增添了必要的生产工具。基于以上的各种条件，使我們的剧团整理工作得以較順利的进行，同时，也为今后剧团整理工作創造了有利的条件。

但是，省文化局对各地剧团的整理工作，抓得还不夠，虽曾发过一个关于剧团整理工作的要点的草案，但仍缺乏必要的具体領导。不过，在艺人和戏改工作干部努力下，一般来說进行得还是健康的，各地剧团整理工作都是在不影响剧团收入的情况下，貫徹党对知識分子的政策，使艺人看到了前途，加强了艺人的信心而进行的。在已开始的剧团整理工作中基本上貫徹了中共广东省委关于剧团整理工作的指示，使整理工作能夠穩步地进行，尙未出現过乱子。虽然省文化局沒有搞試点工作，但各地也能有計划有步驟的进行，同时还积累了一些經驗，为下一步展开工作創造了条件。

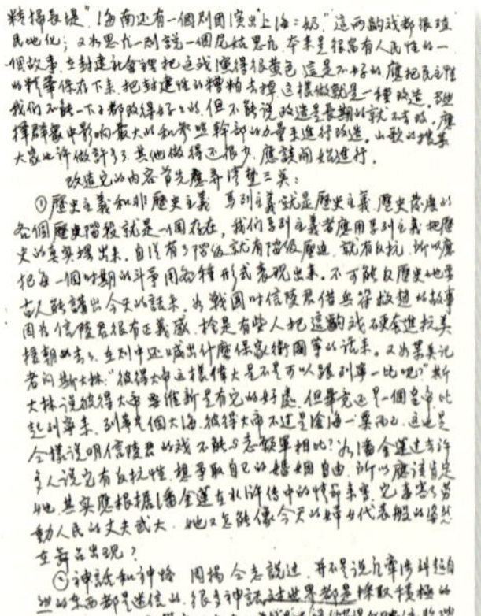

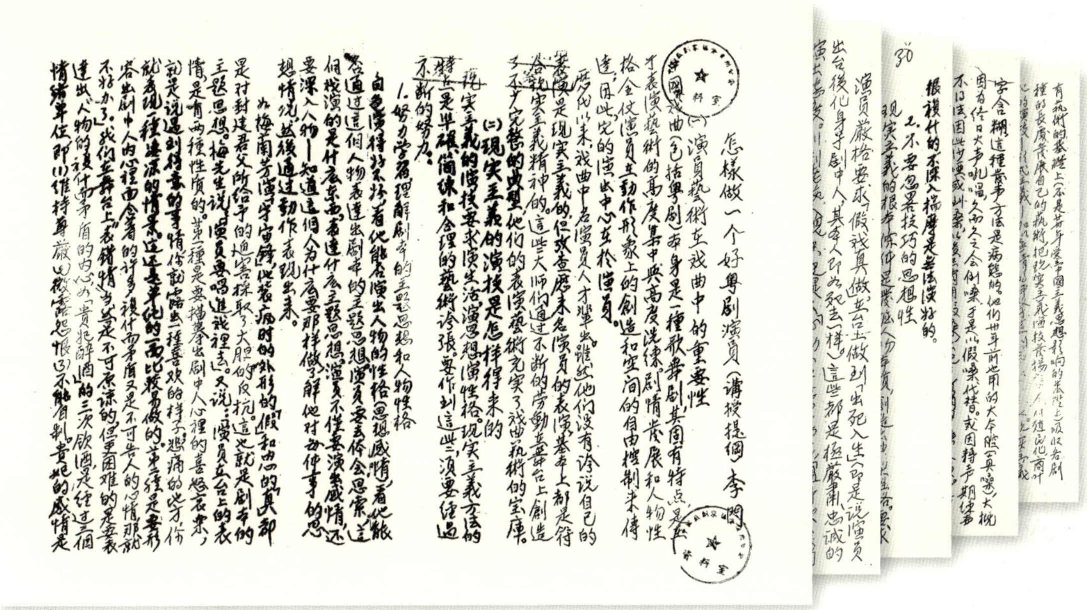
怎样做一个好粤剧演员（讲授提纲） 李门

（一）演员艺术在戏曲中的重要性

戏曲（包括粤剧）本身是一种歌舞剧，其固有特点是于表演艺术的高度集中与高度洗练。剧情发展和人物性格全仗演员主动作形象上的创造和空间的自由控制来传达，因此，它的演出中心在於演员。

历代以来，戏曲中名演员人才辈出，虽然他们没有论说自己的表演是现实主义的，但考查历来名演员的表演基本上都是符合现实主义精神的。这些大师们通过不断的劳动在舞台上创造了不少完整的典型，他们的表演艺术充实了戏曲艺术的宝库。

（二）现实主义的演技是怎样得来的

现实主义的演技要求演出生活、演出思想性格。现实主义方法的要求是朴素、简练和合理的艺术夸张。要作到这些，须要经过不断的努力。

1. 好好学习理解剧本的主题思想和人物性格

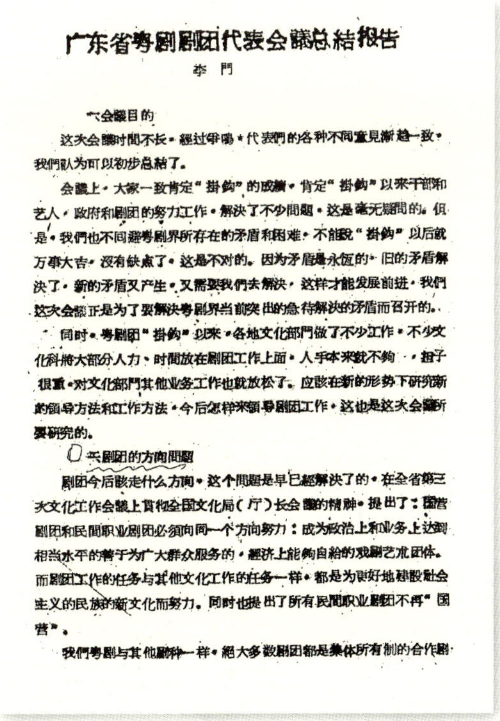
广东省粤剧剧团代表会議总結报告

李門

一、会議目的

这次会議时間不长，經过爭鳴，代表們的各种不同意見漸趋一致，我們认为可以初步总結了。

会議上，大家一致肯定"掛鉤"的成績，肯定"掛鉤"以來干部和艺人，政府和剧团的努力工作，解決了不少問題，这是毫无疑問的。但是，我們也不回避粤剧界所存在的矛盾和困难，不能說"掛鉤"以后就万事大吉，沒有缺点了，这是不对的。因为矛盾是永恆的，旧的矛盾解决了，新的矛盾又产生，又需要我們去解決，这样才能发展前进。我們这次会議正是为了要解决粤剧界当前突出的急待解决的矛盾而召开的。

同时，粤剧团"掛鉤"以来，各地文化部門做了不少工作，不少文化科將大部分人力、时間放在剧团工作上面，人手本来就不夠，担子很重，对文化部門其他业务工作也就放松了。应該在新的形势下研究新的領导方法和工作方法，今后怎样来領导剧团工作，这也是这次会議所要研究的。

二、剧团的方向問題

剧团今后該走什么方向，这个問題是早已經解決了的，在全省第三次文化工作会議上貫彻全国文化局（厅）长会議的精神，提出了：国营剧团和民間职业剧团必須向同一个方向努力：成为政治上和业务上达到相当水平的善于为广大群众服务的，經济上能夠自給的戏剧艺术团体。而剧团工作的任务与其他文化工作的任务一样，都是为更好地建設社会主义的民族的新文化而努力。同时也提出了所有民間职业剧团不再"国营"。

我們粤剧与其他剧种一样，絕大多数剧团都是集体所有制的合作剧

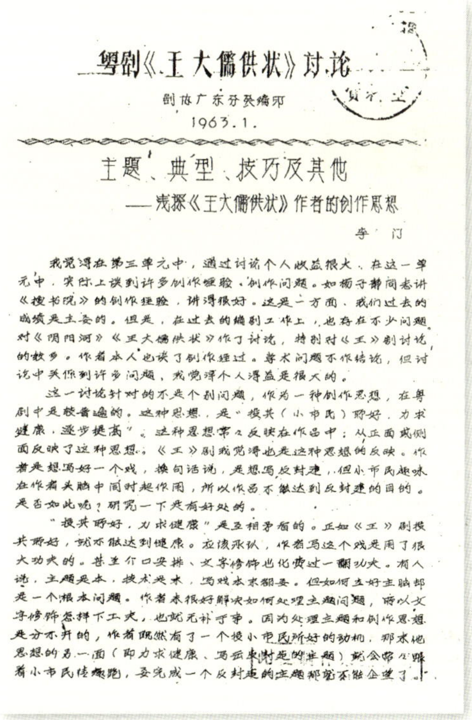
粤剧《王大儒供状》討论

剧协广东分会编印

1963.1.

主题、典型、技巧及其他

——浅探《王大儒供状》作者的创作思想

李门

我觉得在第三单元中，通过讨论个人收益很大。在这一单元中，实际上谈到许多创作经验、创作问题。如杨子静同志讲《搜书院》的创作经验，讲得很好。这是一方面，我们过去的成绩是主要的。但是，在过去的编剧工作上，也存在不少问题。对《阴阳河》《王大儒供状》作了讨论，特别对《王》剧讨论的较多。作者本人也谈了创作经过。学术问题不作结论，但讨论中关係到许多问题，我觉得个人得益是很大的。

这一讨论针对的不是个别问题，作为一种创作思想，在粤剧中是较普遍的。这种思想，是"投其（小市民）所好，力求健康，逐步提高"。这种思想常常反映在作品中：从正面或侧面反映了这种思想。《王》剧我觉得也是这种思想的反映。作者是想写好一个戏，换句话说，是想写反封建，但小市民趣味在作者头脑中同时起作用，所以作品不能达到反封建的目的。是否如此呢？研究一下是有好处的。

"投其所好，力求健康"是互相矛盾的。正如《王》剧投其所好，就不能达到健康。应该承认，作者写这个戏是用了很大功夫的。甚至介口安排、文字修饰也化费过一翻功夫。有人说，主题是本，技术是末，写戏本末都要。但如何立好主脑却是一个根本问题。作者未很好解决如何处理主题问题，再以文字修饰怎样下工夫，也就无补于事。因为处理主题和创作思想是分不开的，作者既然有了一个投小市民所好的动机，那末他思想的另一面（即力求健康、写反封建的主题）就会常常跟着小市民後面跑，要完成一个反封建的主题那就不能企望了。

《山东响马》引争议

1950年至1957年的粤剧改革，在广大戏改干部和粤剧艺人的努力下，取得很大成绩。但戏改工作也受到“左”倾思想的干扰，一些艺术创作与学术讨论被上升到政治层面，为艺术自由创作戴上了枷锁。

李门先后两次遭受极左思潮的迫害。第一次是1958年他任广东省戏改委副主任期间，在省市粤剧整风中，因对珠江粤剧团改编演出的粤剧《山东响马》说了几句公道话，便被扣上“迷失方向”的帽子，犯了“反党性质的错误”，给予撤职、降级、留党察看和下放劳动处分。

《山东响马》原由清末报人陈听香编撰，是一出影响较大的传统粤剧剧目。自面世后，即与素负盛名的《罗成写书》《三气周瑜》三足鼎立，是小武行当所必修、必演的剧目。其主要讲述的是山东人单雨云遭遇生活的种种不公，愤而当了响马。某次想劫持广东先生的黄金，无意中将匪帮歼灭，并救出了当年恩人的女儿桂兰和一个法师，而法师居然是桂兰当年离家出走的生父。患难见真情，雨云和桂兰遂在广东先生的撮合下喜结连理。

在全国会演后，珠江粤剧团的罗品超、文觉非、莫志勤等抱着整理遗产的好心，重新整理了《山东响马》，并在1953年2月的“春节演好戏”活动中演出。通过整理的《山东响马》在剧情结构、表现形式上仍保留了浓厚的地方色彩，是宝贵的粤剧遗产的一部分，获得了初步的成功。

罗品超《山东响马》剧照

1953年2月19日，张华在《南方日报》发表了《走入歧途的粤剧〈山东响马〉》一文，批评珠江粤剧团整理演出的传统剧目《山东响马》“实际是一个主题思想混乱，情节前后矛盾、人物性格模糊的不伦不类的坏戏”，指责粤剧改革工作“走入歧途”。其后，还认为保护剧中人“广东先生”就是保护资本主义。

一石激起千层浪，艺界普遍十分惊讶。不少戏曲界人士不同意这种意见，但因有关领导人支持对这个戏的批评，故未能开展争论。

沉寂数年之后，1956年8月下旬，中国戏剧家协会广州分会筹备委员会讨论贯彻“百花齐放，百家争鸣”的方针，关于粤剧《山东响马》的评价问题被重新提起。8月27日，罗品超、文觉非、少昆仑、莫志勤在《广州日报》发表《〈山东响马〉难道是一出走入

走入歧途的粤剧“山东响馬”

我們对“山东响馬”討論中几个問題的看法

1957年5月，《南方日报》刊登丁波、李门、黄宁婴及张华的文章，就《山东响马》开展讨论

歧途的坏戏吗？》，对张华的文章做出了回应及批驳，《南方日报》在9月3日也做了转载。文章认为，山东响马这个人物应该肯定，但在整理过程中对各方面探讨不够全面，剧本仍很粗糙，人物性格也雕琢得不够完整。但这出戏可以说是从泥土里掘出来的，因此本着挖掘粤剧优良传统的初衷，大胆提出来，一面演出，一面收集观众意见，再逐步修改。他们不同意张华认为该剧是“保护了富商利益”的观点，对于张华某些过于主观片面的观点也不同意。对艺术处理问题，他们也与张华见解不同。不过他们欢迎张华的批评，也曾因此做了全面的检查，吸取了部分意见。不过仍不能同意《山东响马》是一出不伦不类的坏戏，特别是说整理出来的这出戏是走入歧途。

8月底，《南方日报》和《广州日报》开辟专栏，重新发表《走入歧途的粤剧〈山东响马〉》一文，并陆续发表不同观点的评论文章数十篇。张华在11月27日又发表《从〈山东响马〉原来面目看整理粤剧遗产问题》，先是肯定了珠江粤剧团在探索粤剧改革的新道路上寻求突破的初衷，也承认1953年的那篇文章有不明确和不当之处，并表示愿从中吸取教训，但他仍然认为《山东响马》一剧的整理是走入歧途，是不伦不类的。

对《山东响马》遭受到的粗暴批评，李门始终抱有自己的看法。他认为在当时的挖掘、整理民族遗产中，不应该这样简单无端地扣上“坏戏”的帽子。所以他在1956年8月《谈谈戏曲工作的“百花齐放、百家争鸣”》一文中，也谈及了对《山东响马》的看法，可视为撰作《我们对〈山东响马〉讨论中几个问题的看法》一文的先声。

最令人奇怪的就是一九五三年在强调整理遗产的时候，粤剧《山东响马》竟蒙着“走入歧途的坏戏”之名而一直未有得到公开的辩论。有些领导干部以庸俗社会学的观点说广东先生是做生意的人，因此，《山东响马》是为资产阶级说话的。这一帽子使原来有意见的人也不敢声张了。自由讨论的空气稀薄，一面由于民主精神不够，一面也由于我们的懒惰与缺乏责任感。

如此评论可说是掷地有声，却为后来他所受到的严重处分埋下了隐患，因为这种论调显然与当时一些领导干部的意见不同。而后不久，丁波、李门、黄宁婴三人合撰（李门执笔）的《我们对〈山东响马〉讨论中几个问题的看法》在1957年5月23日发表。该文早在1956年11月已有初稿，为了审慎起见，1957年1月又做了修正。

他们三人的看法是，“这个戏不是坏戏，但也不能说是一个思想性艺术性都很高的好戏”，“1953年发表的对这个戏的批评文章，对整理民族遗产起了消极作用”，“希望社会上的有心人士都来参与粤剧的批评、研究工作，加以督促，加以指正，使这颗南国红豆能够在党的百花齐放、推陈出新的方针下放出光彩”。

事情并没有结束。由于丁波、李门、黄宁婴三人都是领导戏改工作的，在1958年1月18日的粤剧界整风学习会议上，有名领导同志谈了《粤剧改革工作的几个问题》，指出粤剧在改革工作上迷失方向，作为戏改方向掌舵人的戏改领导干部应负主要的责任。他认为李门三人抗拒领导，严重失职，已不适合继续领导戏改工作。

1958年下放农村劳动的李门

矛头直接对准了丁波、李门、黄宁婴三人。有关部门经过检查，在1958年2月24日向省委书记处提出了李门、丁波、黄宁婴在粤剧改革工作中的严重错误和处理的报告，其中特别提及他们三人在对待《山东响马》一剧的批评事件上抗拒正确的批评，在1956年的大争论、1957年5月的大鸣大放中，都公开发表了攻击党委和党报的言论，故将其性质定为“有着反党情绪”。

报告建议对李门、丁波、黄宁婴三人做出处分，其中李门的处分最重，在行政上被撤销省文化局副局长职务，罢免剧协广州分会副主席，仅保留理事，还要下放劳动，党内给予留党察看两年。处分的依据李门在《粤剧界一次大规模的学习活动》中记录甚详：

李门的修正主义文艺思想是完整的、顽固的，对待剧目五年来一贯表现出严重右倾，采取艺术标准第一的观点，认为改革形式即等于改革内容，通过艺术实践就可以改造思想。因此，在改人、改戏、改制度三大工作环节中，背弃了党的领导原则，忽视了剧目的思想内容，放松了对艺人的思想改造，长期以来对粤剧界滋长起来的资产阶级思想采取容忍迁就姑息甚至投降主义的态度，使整个剧改工作迷失了方向，招致了1957年粤剧舞台大放毒草的恶果。在《山东响马》事件的三次高潮中，李门都有严重的错误……

讨论处分会议李门也参加了，组织上所做的严厉处分让他很是困惑、痛苦。可是最终他也只能带着介绍信和党组织关系，到四会农村务农，后来调到海南石碌铁矿劳动。（详见本书第三章）过了两年半的流放生活，他回到广州才知道广东省监委早已批复省文化局党委，李门的处分是撤销党内外职务（保留省剧协理事），行政降一级。

向着普及生根的方向

李门

1957年李门为粤剧走向基层鼓与呼

李门曾被调去梅县支援农业第一线，中途又被调回主持粤剧《金鸡岭》的创作，过后又领导粤剧传统艺术调查研究班的工作，最后调回省剧协。只是李门没想到的是，他在海南石碌铁矿所参与的琼剧《海瑞回朝》，早已为他埋下了一颗“定时炸弹”。

《海瑞回朝》遭误批

吴晗所著《海瑞罢官》封面

1965年11月11日，上海《文汇报》发表署名姚文元的《评新编历史剧〈海瑞罢官〉》文章，指责吴晗塑造海瑞的目的是宣扬“地主资产阶级国家观”“阶级调和论”，“美化作为地主阶级专政工具的清官和法律”。此文一出，一场批判《海瑞罢官》的运动随之而起。同年12月21日，毛泽东在杭州同陈伯达等人谈话，在肯定姚文元文章的同时，指出没有打中要害。他说：“《海瑞罢官》的要害问题是‘罢官’。嘉靖皇帝罢了海瑞的官，1959年我们罢了彭德怀的官。彭德怀也是海瑞。”毛泽东的这番话使已经掀起的批判《海瑞罢官》的运动更加升温，完全从学术问题转向政治问题，调子也越来越高。

评新编历史剧《海瑞罢官》

姚文元

《海瑞罢官》宣扬了什么？

《海瑞罢官》是怎样塑造海瑞的？

1965年姚文元《评新编历史剧〈海瑞罢官〉》在《文汇报》发表

1959年广东粤剧来海南石碌铁矿医院演出《牡丹亭》，著名粤剧演员林小群（中间）与李门夫妇合影

当时海瑞题材的戏剧，北京有吴晗的《海瑞罢官》，上海有周信芳编演的《海瑞上疏》，再往南就是李门和杨嘉合作的琼剧《海瑞回朝》。一句“彭德怀也是海瑞”，让严肃的正剧演变为阴森图谋，让这些剧作者变成了“利用小说、戏剧反党”的坏人。

《海瑞回朝》是李门在海南石碌铁矿劳动期间参与创作的一部琼剧，是为新中国成立十周年编写的琼剧献礼剧目。1959年5月间，海南区党委宣传部要求编写一个以海瑞为题材的历史剧，因为海瑞是海南琼山县人，他的生平事迹长期被人民群众流传称颂。于是，区党委把李门从石碌铁矿调来，与杨嘉等人，加上当地的琼剧编剧人员石萍、陈鹤亭、莽夫三位同志，组成小组，从事集体创作。

在酝酿期间，他们翻阅了大量有关海瑞的史料、奏章、书简、诗作、传统琼剧以及旧小说如《大红袍》《小红袍》等，走访了海瑞故里朱橘里，还有海氏后代所居住的新客村，拜谒了海公墓、五公祠中的海瑞碑刻与遗墨等。为此，李门专门写了一篇《访海瑞遗址》，可见他求真务实、贴近历史的创作理念。细心的李门通过阅读《海氏族谱》，订正或补充了一些史实。比如，他们发现现存的手抄族谱记载海答儿始祖于洪武七年（1374年）从军海南，立籍海口，这与过去看到的海答儿于洪武十六年（1383年）迁琼说法有所不同，很有研究的价值。另外，海瑞诸子均早死，现有族谱载“以瑜之子坤继”，这个材料也对研究历史者有很大的帮助。

《海瑞回朝》的故事梗概是：明万历年间，得群臣举荐，皇帝重新起用罢官16年之久的海瑞。建陵总监房寰为阻挠海瑞回朝任职而诬奏海瑞已死，请皇帝颁旨，派陆元龙赴琼州御祭。陆元龙抵琼后，得知海瑞仍然健在，始醒悟房寰蓄意陷害，意在假手圣旨冤杀海瑞。为保忠贤，陆元龙弃旨不宣，自刎身亡。海瑞义愤填膺，赴京觐

海瑞故里

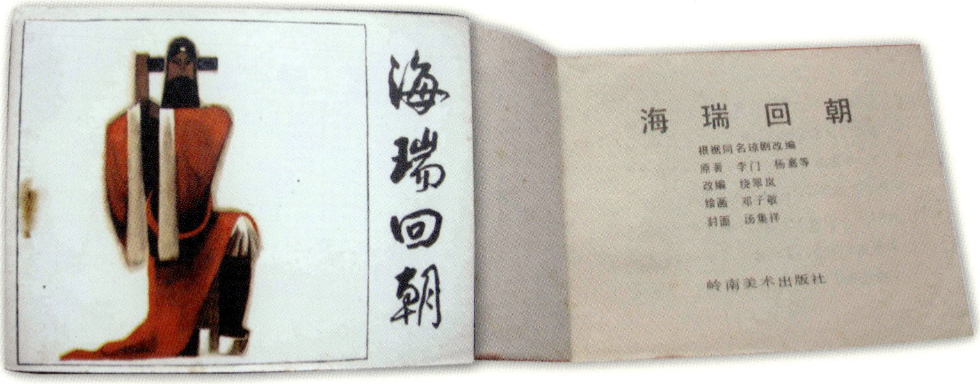

1983年由李门、杨嘉创作的《海瑞回朝》被改编为连环画出版

君，奏明真相。房寰最终被严惩，海瑞也复任都察院右都御史之职。

《海瑞回朝》一剧的故事提纲是由李门、杨嘉两人先编写出来，然后转交石萍、陈鹤亭、莽夫三位同志谱成琼剧。1959年，广东琼剧院一团演出此剧，并获得了较大的成功，随后陆续在海南各地演出。同时潮汕地区也改编演出海瑞戏《刘明珠》，20世纪50年代由香港拍成电影，粤剧上演《十奏严嵩》等。不过1959年10月底，杨嘉被调回暨南大学中文系工作，随后李门亦被调回广州。后来，他们又根据原故事写成一个话剧本，题名《敲牙记》，取其敢于回朝敲掉贪官房寰这只老虎牙之意。《敲牙记》曾由广东话剧团油印，但从未发表及演出。

其实，对于故事脚本的选择，他们一开始就有所考虑：

当时有人主张，海瑞最突出的性格是刚正不阿，敢于冒死直言，以写他的疏谏嘉靖为上。但我们考虑犹豫再三，反右的“余

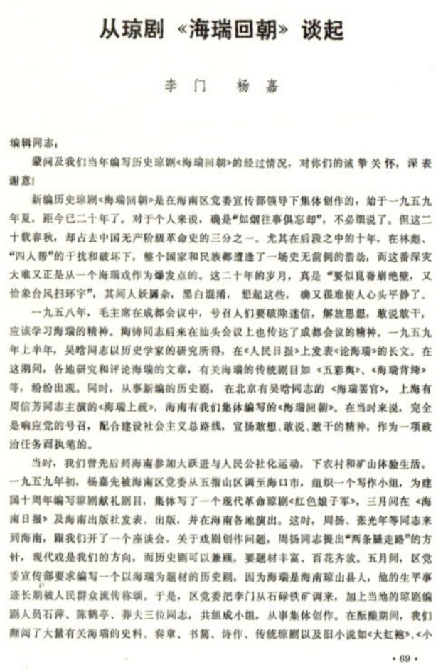

从琼剧《海瑞回朝》谈起

李门　杨嘉

编辑同志：

蒙问及我们当年编写历史琼剧《海瑞回朝》的经过情况，对你们的诚挚关怀，深表谢意！

新编历史琼剧《海瑞回朝》是在海南区党委宣传部领导下集体创作的，始于一九五九年夏，距今已二十年了。对于个人来说，确是“如烟往事俱忘却”，不必细说了。但这二十载春秋，却占去中国无产阶级革命史的三分之一。尤其在后段之中的十年，在林彪、“四人帮”的干扰和破坏下，整个国家和民族都遭逢了一场史无前例的浩劫，而这番深灾大难又正是从一个海瑞戏作为爆发点的。这二十年的岁月，真是“要似崑崙崩绝壁，又恰象台风扫环宇”，其间人妖颠倒，黑白混淆，想起这些，确又很难使人心头平静了。

一九五八年，毛主席在成都会议中，号召人们要破除迷信，解放思想，敢说敢干，应该学习海瑞的精神。陶铸同志后来在汕头会议上也传达了成都会议的精神。一九五九年上半年，吴晗同志以历史学家的研究所得，在《人民日报》上发表《论海瑞》的长文。在这期间，各地研究和评论海瑞的文章，有关海瑞的传统剧目如《五彩舆》、《海瑞背縴》等，纷纷出现。同时，从事新编的历史剧，在北京有吴晗同志的《海瑞罢官》，上海有周信芳同志主演的《海瑞上疏》，海南有我们集体编写的《海瑞回朝》。在当时来说，完全是响应党的号召，配合建设社会主义总路线，宣扬敢想、敢说、敢干的精神，作为一项政治任务而执笔的。

当时，我们曾先后到海南参加大跃进与人民公社化运动，下农村和矿山体验生活。一九五九年初，杨嘉先被海南区党委从五指山区调至海口市，组织一个写作小组，为建国十周年编写琼剧献礼剧目，集体写了一个现代革命琼剧《红色娘子军》，三月间在《海南日报》及海南出版社发表、出版，并在海南各地演出。这时，周扬、张光年等同志来到海南，跟我们开了一个座谈会。关于戏剧创作问题，周扬同志提出“两条腿走路”的方针，现代戏是我们的方向，而历史剧可以兼顾，要题材丰富、百花齐放。五月间，区党委宣传部要求编写一个以海瑞为题材的历史剧，因为海瑞是海南琼山县人，他的生平事迹长期被人民群众流传称颂。于是，区党委把李门从石碌铁矿调来，加上当地的琼剧编剧人员石萍、陈鹤亭、莽夫三位同志，共组成小组，从事集体创作。在酝酿期间，我们翻阅了大量有关海瑞的史料、奏章、书简、诗作、传统琼剧以及旧小说如《大红袍》、《小

·69·

1979年李门、杨嘉合写的《从琼剧〈海瑞回朝〉谈起》在《学术研究》发表

悸”未消，深恐今后有人穿凿附会，难免会以影射罗织罪名。为稳当计，结果选定了海瑞晚年回朝斗贪官酷吏房寰的一段，进行构思，剧本的人物与情节，其中包括顾允成、彭遵古、诸寿贤三进士击鼓上奏等，基本上符合历史真实，有些地方也融汇了艺术的虚构。这样一来，一方面使剧作具有海南地方色彩，一方面写海瑞毕生清廉，写他斗贪官按臣，古为今用，对现实中的反贪污浪费，估计还有可借鉴之处。（引自李门、杨嘉1979年1月合写的《从琼剧〈海瑞回朝〉谈起》，此文刊于《学术研究》1979年2月，暂未见于李门的作品集中）

始料未及的是，1966年中，琼剧《海瑞回朝》被诬蔑为反党、反社会主义“大毒草”，与吴晗的《海瑞罢官》、周信芳的《海瑞上疏》南北呼应，是一条藤上的“三个毒瓜”。这在《从琼剧〈海瑞回朝〉谈起》里也有一段较详细的记录：

一九六六年五月中，“无产阶级文化大革命”爆发，成为全国性的群众政治运动。六七月间，海南和广州相继对《海瑞回朝》展开所谓批判，《海南日报》于六月二十六日发表了署名文旭东的文章，七月十九日和二十日，《南方日报》《广州日报》《羊城晚报》同时发表了署名黄东文的《〈海瑞回朝〉是周扬黑帮反党的海瑞戏中的一面黑旗》（省外报章也有摘要刊载的），当时广州、海口两地报刊发表的批判和报道文章共计六十四篇，海南还召开了七千人的声讨大会。

对《海瑞回朝》强加的罪状不外三条：一、为彭德怀翻案；二、与《上疏》《罢官》串成三部曲，全国一盘棋，而《回朝》则更为恶毒；三、摘取个别台词，认为存心污蔑和攻击社会主义……

随之而来的是李门、杨嘉二人被扣上周扬喽啰、反党黑帮分子的罪名，该剧的导演、演员、音乐、舞台美术工作者也受到株连，遭遇不同程度的迫害。李门被红卫兵从家里拉到中山大学、市一工人文化宫、广东歌舞剧院连续批斗，被打得头破血流，眼睛险些被打瞎，身心备受凌辱和摧残。然而，李门在逆境中仍坚持乐观态度，在英德五七干校劳动中多次受到表扬。他复出之后，虽然身上仍背着很多冤屈，却精神饱满地努力工作。

“文革”后，著名国画家杨之光送给李门一幅海瑞画像，画上的海瑞脸庞清癯，神采飞扬……与李门有几分神似。李门在画上用毛笔题了《赤枣子·题海瑞画像》二首：“龙角截，虎牙敲。红袍绣带劲风飘。一代清官非寂寞，氍毹处处响银箫。 伤逝水，迓来潮。江山研彩画多娇。彭大将军如姓海，万民引领盼回朝。”既伤逝者，行自念也。

著名国画家杨之光专为李门画的国画《海瑞画像》（115cm×68cm）

主持剧协多奉献

1974年，过了整整五年的劳动改造的生活后，李门从英德的五七干校调到广东省文艺创作室任副主任，被称为“维持会长”，处境困难。浩劫过后，有人对他横加指责，污蔑他执行“四人帮”的黑路线。李门在《粉墨集》的《前记》里头曾写道：“我在干校蹲了五年，一九七四年才恢复工作，至打倒四人帮为止，这段期间确实是三缄其口，没有什么机会说话。”故友黄雨、芦荻深知内情，都写诗勉励李门“浑忘发白又长征”。

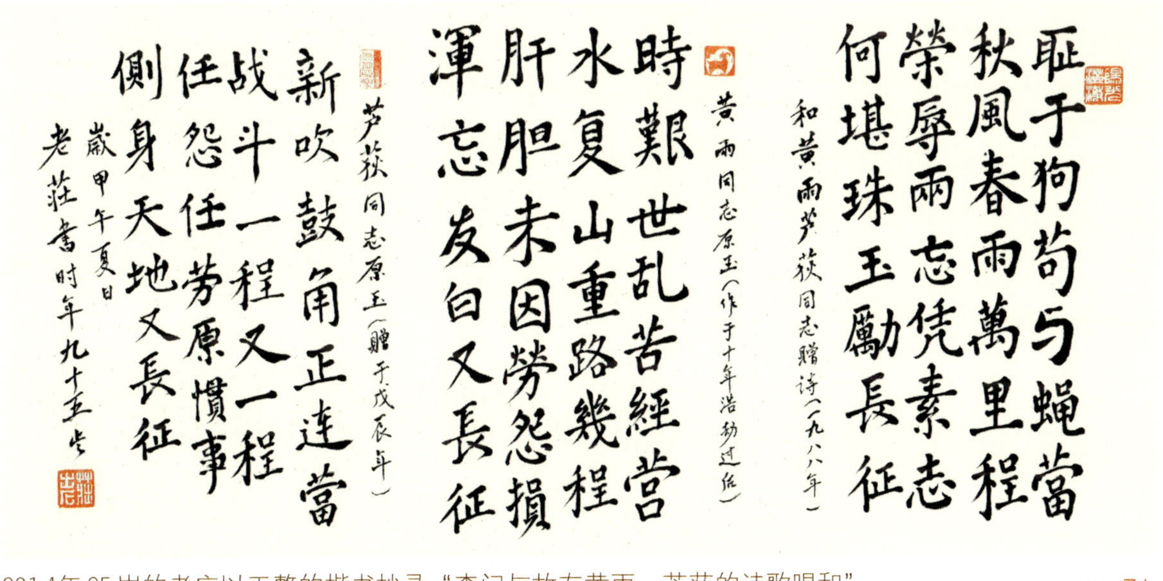

2014年95岁的老庄以工整的楷书抄录“李门与故友黄雨、芦荻的诗歌唱和”

1977年12月各协会恢复后，省委决定恢复李门在广东剧协的工作，让他担任省剧协副主席。广东剧协首次成立应从抗战算起。1937年下半年广东省戏剧工作者包括艺协、锋社、蓝白、前锋等剧社的成员筹组广东省戏剧协会，于同年8月8日成立，有275人参加，并组织了革命历史剧《黄花岗》的盛大演出。李门也参与了协会，是《黄花岗》的演出委员。在七政大的时候，李门既是七政大的地下党负责人，也担任了广东剧协剧团联席会议秘书（相当于现在的秘书长）。解放后，中国戏剧家协会广州分会（后称“广东分会”）在1956年10月24日成立，白驹荣为主席，副主席12人，李门是其中之一。从此李门的工作从未间断，在省剧协的岗位上，无论黎明前或天亮后，他都以一个戏剧兵的姿态，站在服务的前沿。

李门与关山月（右一）、梁伦（左一）在省人大会上

1979年，广东文艺界“右派分子”全部改正，冤假错案得到昭雪，曾受到不公正批判的欧阳山的《三家巷》，秦牧的《艺海拾贝》，李门、杨嘉的《海瑞回朝》等一批作品，得到了公正的评价。然而，李门在《山东响马》上所受的处分仍没有摘除。

1979年2月22日，李门向省委纪检会提出了对《山东响马》剧所受处分的情况和看法，请求复查。1980年1月4日省委纪检会复示：省委同意省委宣传部及省文化局的复查意见。复查意见主要提了三点：

（1）曾彦修同志根据中央文化部周扬同志总结报告

的精神组织学习，代表中共华南分局宣传部做了《关于粤剧改革问题》的报告，李门根据曾彦修通知报告的精神组织学习，在学习总结中提出“把帝国主义思想打下去，把民族优秀遗产拿出来”的口号，以上这些都是符合中央政务院1951年5月5日《关于戏曲改革工作的指示》精神的，不能以此作为犯右倾错误的根据。（2）当时的结论说“把帝国主义思想打下去，把民族优秀遗产拿出来”的行动口号标新立异，修正甚至取消中央提出“百花齐放，百家争鸣”的剧改方针，长期以来使剧改工作迷失了方向，这是不符合实际的。（3）关于《山东响马》一剧的争论问题，李门的文章和发言都是正常的，有些意见还是有益的。按组织原则来说，讨论问题在会议上提出不同的意见，也是民主生活允许的，不能说是错误。最后省委撤销了对李门的处分，丁波、黄宁婴的处分也一起撤销。

随着头上“莫须有”罪名的摘除，李门感觉自己获得了第二次解放，他激动地欢呼：“春回大地，党的十一届三中全会放出了复苏万物的光芒。”随后李门以再生的劲头投入工作。对工作，他有一种近乎宗教式的狂热和虔诚。工作再忙，他都神采奕奕，浑身是劲。没事可做，他反而觉得不舒服、不自在。

自1956年创立后25年来，广东剧协的会员数量增长了5倍，设立了办公室和创作、艺术、《南国戏剧》编辑等三个委员会，还成立了话剧研究会、粤剧编剧家协进会、木偶皮影学会和舞台美术学会等。

李门后来连任两届广东剧协主席，省文联一、二、三届副主

李门恢复工作后，带团到香港演出时在中华人民共和国九龙海关前留影

席。他还先后当选为中国国际文化交流中心广东分会理事、中国戏剧家协会理事、省粤剧研究中心理事长、省人大代表等职。主持省剧协之后，李门做了多方面的工作。当中有许多阻力，他总是坚持把工作做好。他的宗旨是：“不畏挫折，痴心于戏剧；不争名利，甘当服务员。”

一、鼓励粤剧的改革与研究。早在二十世纪五六十年代，李门对于粤剧的发展就有许多成熟的看法，并形成了一些文字，如《试谈粤剧表演艺术的改革问题》《试谈粤剧的传统及其继承、发展问题》《粤剧编剧七弊》《驳粤剧改革工作中的“投其所好”论》《试谈粤剧的艺术改革》《从新时期粤剧十年所想到的》《粤剧艺术的多元与选择》等，这些文字后来都收录在《粉墨集》《剧坛风雨》《舞台内外》等书中，显示了李门对粤剧的研究和思考。后来李门曾连任省粤剧研究中心理事长，该中心所编的《粤剧研究》发行海内外，成绩斐然，列入李门所谓的“花好月圆的辰光”之一。

二、对广东话剧的指导和鼓励。相比港台流行歌星演出声震巨大场馆，话剧遇冷，剧场冷清，已是不争的事实。李门在《为话剧说几句话》中，谈到这个现象，并将黄佐临振兴话剧的14点建议整理为六个方面，包括提高剧人素养，各院（团）分工合作，开展话剧普及工作，培养剧评队伍，实现剧场建造，培养接班人和经管人才等。他呼吁："时代在前进，富有时代精神和雅俗共赏功能的话剧，必将葆其美妙的青春，只要我们走出一条自救的新路！"广东省话剧研究会就是在李门的建议下成立的，该会既团结了新老剧人，也做了不少收集话剧史料的工作。与此同时，李门提出话剧要民族化、现代化及广东戏曲要发展岭南剧派的问题，在戏行内有不小的影响。

三、对地方戏曲的奖掖与推广。广东地方戏曲形式多样，除了粤剧外，还有潮剧、正字戏、汉剧、西秦戏、白字戏、木偶、采茶戏、客家山歌等，李门对于这些地方戏的改造和发展均倾注了颇多的汗水。他有不少诗词都是在参加地方戏曲之后所做的揄扬，如《观潮剧偶成》《题广东汉剧团演出》《赠陆丰正字戏剧团》《梅

李门观看深圳剧团在从化太平坊的演出

1983年9月，李门率粤剧编剧家代表团赴香港，在香港八和会馆欢迎宴上清唱粤曲

州山歌剧团三十周岁》等。地方戏剧人士请他为图书作序，他也欣然命笔。如《发展潮剧的心声》就是为《论潮剧艺术》而作。他还专门写了《敢做人民代言人》一文谈揭阳农民戏，肯定它们“运用人民群众喜闻乐见的艺术形式，倾吐出人民群众的心声”。他还专门到彭湃的故乡海陆丰去考察彭湃的戏剧活动和西秦戏、正字戏和白字戏三个稀有剧种。

四、坚持对外友好往来和学习。在李门主持下的省剧协保持了开放的交流心态。至今，仍有很多影像可以见证李门当时同外国戏剧艺术友人的交往，如苏联代表团、日中文化交流协会代表团、朝鲜话剧家总同盟、国际剧协英国中心等。李门还带领广东剧协走出去，到国内各地学习。1983年9月，他与粤剧编剧家代表团赴香港，这是他的第一次出访。在香港，他主持会议，在大会上发言，还演唱了粤曲，受到同行的关注和欢迎。1984年，70岁的李门还到广西桂林参加西南剧展40周年大会。他一到桂林便头晕、严重失眠。大会组织大家参观剧展时，负责人建议他先休息，改天再派车送他

1980年时任广东省委书记吴冷西接见演员（后排右三为李门）

中国人民艺术剧院莅穗演出《天下第一楼》，李门（中间者）上台祝贺

去。他一向不习惯特殊待遇，遂振作起来同大家去参观，下午还做了精彩的发言《纪念西南剧展，缅怀戏剧前驱》。

此时的李门年事已高，且从1982年就已退居二线。但即使不在岗位上，他也没有忘记工作，没有丝毫的懈怠，总想把耽误的10多年夺回来。看戏、写评论文章，为别人出书作序等，在20世纪80年代，写了80多篇文章。从结集出版的《粉墨集》《剧坛风雨》《舞台内外》《洁似寒梅——李门遗作选》等诸多著作中，我们仍能看到一个勤于工作、勇于求索、精力十足的身影，尽管此时的李门已是年近古稀的老人。

这三本书是李门戏剧人生的结晶

1986年冬与日本著名
电影演员栗原小卷谈话

1986年冬与日本
希特研究所访华演出团
千田是也等留影

在广州烈士陵园门口
迎接哈萨克共和国剧协
主席

1983年与香港话剧团艺术总监陈君莹博士及剧作家交谈

1987年5月与朝鲜话剧家总同盟副委员长李岭谈话

与苏联代表团在广州烈士陵园血谊亭前献花

1985年与国际剧协英国中心伊莉莎伯小姐交谈

在广州宴请苏联代表团

晚怀余热尚驱驰

1992年，李门退出领导岗位之后，仍念念不忘广东的戏剧事业，不顾年老体衰，积极参加各种戏剧活动。

1992年的亚洲地区香港粤剧研讨会召开，会前即要求提交论文，李门专门写了《粤剧面面观》一文，这篇文章具有较高的学术价值。为了完成这篇文章，他查阅了很多资料。他在考证之后，提出了粤剧形成的一个观点："万历年间，建立了琼花会馆，戏曲从外省大量传入，本土子弟有从事戏剧活动的，这和全职业的我们惯称的本地班不同。""粤剧的萌芽、成长以至成熟的过程，应追溯本地班的发展过程，又应以梆黄声腔的形成为其成熟的阶段。"李门所说的成熟阶段指的是"历经雍正、乾隆、嘉庆、道光、咸丰几代，为时一百多年"。这显然是他查阅诸多史料后所做的结论。此文后来收入刘靖之、冼玉仪主编的《粤剧研讨会论文集》，由香港大学亚洲研究中心、三联书店（香港）有限公司于1995年出版。

随后数年，李门参与了《华商报》史学会的年会、华南文工团成立45周年纪念大会、原东江纵队文艺工作者集会、锋社成立60周年暨中原剧艺社成立50周年联欢会等。

1997年香港回归，在共庆回归的联欢会上，李门仍登台演唱了

两代广东省剧协主席在交谈（左为姚锡娟）

1997年李门参加“庆祝香港回归祖国大会暨《华商报》史学会97年会”活动

一曲《夫妻识字》，句句不落，赢得了许多赞赏的掌声。其实，这个节目李门已经很久没唱了，但他却以一个演员的水平要求自己，为此他一句一句地回忆，每天练习，还让妻子老庄帮忙纠正错句。同年12月，省剧协、广东话剧研究会等单位联合主办“广东纪念中国话剧诞生90周年系列活动”，李门作为广东话剧研究会名誉会长，活动筹备组请他在纪念大会上做报告。

李门时年83岁，且体弱多病，但仍欣然应允。他向来做事极为认真，绝不敷衍。为了做好报告，李门得到陈酉名和张福光等人的帮助，并收集《广东话剧运动史料集》《岭南话剧》等有关资料作为参考，一连伏案10多天，写出了两万多字的发言稿《广东话剧九十年简述——应广东纪念中国话剧诞生90年筹备组之约而作》。这篇文章洋洋洒洒，从话剧的诞生开始讲起，回溯了广东话剧走过的辉煌而曲折的历程。最后对怎样促使话剧向更好的方面发展提出了自己的看法：（1）要有一支能战斗的队伍；（2）要出佳作；

李门在庆祝香港回归祖国大会上演唱《夫妻识字》选段

（3）要注意体制改革。

文章写完之后，他担心发言稿过长，会超过规定时间，便先在家里试讲，让妻子旁听，提点意见。试讲到动情处，李门禁不住泪眼潸然。儿女们都劝他："你说身体不舒服，推掉不就得了，现在谁还有工夫听什么话剧史？"然而李门却认为，现在话剧不景气，有机会让他发表对话剧的看法，就要抓住机会为话剧呐喊。大会给他40分钟的发言时间，他狠下心将原先发言稿的"香港部分"删去，并压缩成一万字，还跟主办方要求延长10分钟。由于准备充足，那天他做的报告很精彩，反响热烈，不少赴会的话剧界老同志听了之后都说讲得好，李门也为自己晚年仍能为话剧出一点力而感到兴奋。

1998年9月18日，李门从艺65周年纪念，霍英东基金会向他赠送水晶球以表致敬之意。

1998年9月18日，李门从艺65周年，霍英东基金会赠送水晶球。图为霍英东、霍震霆父子主持赠送仪式

1998年，霍英东基金会对李门、潘予、施明新三人授奖（前排右起：梁威林、霍英东、梁绮；中排右起：施明新、潘琳、李门、史进、潘予、老庄；后排右起：何铭思、莫广智）

第三章

时艰世乱苦经营
我赞花叶相扶持

“唯有牡丹真国色，花开时节动京城”。牡丹花色泽艳丽，富丽堂皇，享有“国色天香”“花中之王”的美誉，被世人看作是吉祥富贵、繁华的象征。但在李门和老庄二人的“花语”里，它代表着爱情。

这得从老庄晚年学画说起。早年的老庄虽然上美术学校，但是因为热心于革命工作，并没有接受美术的专业训练。可是天赋、因缘种种让她在晚年重拾画笔。在她的笔下，花木虫鱼的写意设色画，寥寥数笔，宛然在目，显示出很高的天分。

老庄尤爱画牡丹，千姿百态的牡丹枝叶相衬，蕊瓣嫣然，栩栩如生。而李门则经常会在这些牡丹画上题自作的诗。其中，有一幅迎风怒放的牡丹国画，李门在上面题了一句诗：“人羡牡丹

这是老庄画的牡丹图。李门题："人美牡丹富且贵，我赞花叶相扶持。"

富且贵，我赞花叶相扶持。"

老庄看后非常喜欢。这确实是他们一生爱情的写照。这么多年来，他们从相识到结婚，从革命战争年代到和平安稳时期，从"文革"到改革开放，时代的车轮滚滚向前，他们的结合虽历经风雨坎坷，仍旧不离不弃，恰似花和叶相互扶持。至于谁是花，谁是叶呢，倒是不必去追究了。因为在他们的心中，对方便是花，而自己则甘当绿叶，这就是彼此绵绵的情意。

多年以后，李门与世长辞，这幅牡丹国画连同题词被镌刻在了他的墓碑上。老庄在《沧桑自由魂——我这一辈子》里头写道："待我百年之后，我也将埋在这里，与李门朝夕相处。"届时花和叶，仍将相互扶持，不能不让人感慨其不离不弃的决心。

历经烽火结良缘

老庄的第一张照片，时年15岁

李门与老庄的结识在20世纪30年代。那时他们都参加了锋社，在地下党的指导下开展抗日活动。1938年三八妇女节，是老庄正式加入锋社的日子。老庄原名老慕庄，广州西关小姐，因担心参加革命工作影响家里，便把其中的“慕”字圈去，成了“老庄”这个颇有哲学意味的名字，并沿用至今。冥冥中，道家那种“清静无为、与世无争”的精神也颇与老庄的个人气质契合，这对她在此后的人生道路和婚姻生活都似乎有莫大的助益。

当时，李门是锋社的领导兼男主角，是有名的小生，为人温文尔雅，风度不俗，文学造诣、英语水平都很高，是许多女性心中的“白马王子”。曾有人问老庄，李门这个众多女性心中的白马王子为什么看上她这个既不是女主角、当时还因为家庭出身不好不能入党的人呢？答案却是出乎人们的意料：他们的姻缘竟是因病而起。疾病犹如爱神丘比特之箭，串起了二人的感情。

1939年初，由于战乱频仍，生活困难，锋社很多人都患了“打摆子”（疟疾），李门和老庄也未能幸免。这种病十分可怕，发作时忽冷忽热，令人头痛欲裂，胡言乱语，处于一种癫狂状态。为了不影响队伍的行军，领导决定让病号回师部治疗。李门和老庄都因病重，不能行走，只能请脚夫抬担架。不幸的是，与他们同路、一路照应他们的黎民半路遇害，使得他们一批人只能自己艰难行路。

同病相怜的二人在苦难的行军中互相照顾，互相鼓励，艰难的环境让他们互相了解，互相吸引。彼时的他们虽然疾病缠身，缺药无医，缺衣少食，但心中怀着高昂的斗志和美好的向往，激励着他们克服困难，继续前行。有的病号则苦不堪言，半路溜走。

后来，李门因恢复得较快，便先赶上大部队转移到了粤北。但老庄的身体却越来越差，双腿肿得像小猪似的，只得和一批病号留在村里养病。白天，他们一群病号就藏匿在山上，晚上才悄悄回村里吃饭过夜。有时晚上还要留在山上过夜。山上露水很重，却只能靠半张单薄的毛毯过夜。回忆起那段日子，老庄这样写道：

在村子里我和一个重病员住在一起，这个病员突然死在身边，我以为自己也快死了。奇怪的是，当时我在急喘着气，呼的气比吸的气还多，身边没有药，只有一盒万金油。是这盒万金油救了我的命，我用它从头到脚涂遍全身，清凉刺激的感觉使我略感安乐，我沉沉地睡了不知几天。当我醒来的时候，恍如隔世。

李门和老庄后来都加入了七政大，一起在粤北从事戏剧宣传工作，二人虽曾同台演出，但一直没有饰演过夫妻。他们第一次饰演夫妻是演多幕剧《北粤丰碑》。

1939年的最后一天，第十二集团军和日寇南支派遣军第二师团、第五师团、一〇四师团和海军陆战队坂田旅团在从化展开激战，并力克强敌，以枪声代替鞭炮，迎接新年的到来。

为了庆祝这次胜利，锋社创作了多幕剧《北粤丰碑》，讲述的是军民合作抗击日寇的故事：一个营长因为抗日而牺牲，在纪念大会上，他的妻子愤而登台，声声泣诉敌人的暴行，誓要为丈夫和死难同胞复仇。在这出话剧中，李门和老庄饰演夫妻，有了一次舞台上的携手：一个饰演营长，一个饰演营长的妻子。老庄的那次登台表现可圈可点，她的感情深厚而决绝，台词激愤而冷静。他们的表演获得了极大成功，台上台下，群情激昂。

从锋社到七政大，到东江纵队鲁迅艺宣队，李门和老庄都在一个队伍里战斗。虽然有短暂的分离，可是彼此仍互相牵挂。1945年，李门因为随军北上，老庄则因生病被要求留下养病。但是她不想留下，坚持要紧跟大部队。

当年秋冬，队伍撤离英德，老庄和两个病员被留下，后来接到指示要求各自暂时隐藏。于是老庄决定去曲江找她的父亲。可是到达那里时，房子已变成了一片废墟。幸好在李门的同村兄弟李悲而的弟弟李毅生的帮助下，得以暂时隐藏起来，后来买了船票，南下广州。

归去途中并不一帆风顺。一船人晓行夜宿，经过七天才到达广州。当时，老庄因为行走匆忙，脚被割伤，流脓流血，肿胀异常，还散发出阵阵臭味，人人避之唯恐不及。抵达广州后，命途多舛的老庄又被竹篸剐了右脚的伤口，伤情更加严重。送到医院之后，医生告诉她，如果不做手术，这脚就要残废了。

无奈之下，老庄只好接受麻药手术。第二天醒来，妹妹老慕端来看望她，老庄开口就说自己的右脚没了。慕端向下一看，明明双脚俱在，就告诉她，没有啊，脚还在呢。老庄在回忆录中说：这是她听到的最好听的话。心里也就释然了。

庆幸之余，老庄却辗转从来看望她的战友中得知，李门已战死沙场。李门的好友南海十三郎甚至言之凿凿，有人清理战场找到了李门的衣裳。这让她伤心欲绝。

好在，这只是命运跟他们开的一个玩笑。当李门再次出现在她面前的时候，老庄真觉悲欣交集，又哭笑不得。因为昔日舞台上风流倜傥的英俊小生现在的模样居然是“大头佛”。李门说，这几天星夜赶路，太饿了，到广州后一个人吃了六个人的饭量，结果不知怎的，头忽然就肿大如斗了。

此时的老庄，也因为生病，头发都掉光了，像个尼姑。两人相视而笑，彼此的模样丝毫不能阻隔他们的牵挂。李门告诉她，他在外地也听说张沂（老庄化名）死了，所以再见到她，真是恍如隔世。

1946年年初，“大头佛”和“尼姑”在香港结婚了。当时他们的婚礼简单而朴素，没有大宴宾客，只是请了《华商报》的一些战友来参加。老庄说："婚后甭提度蜜月了，蜜日都没有。"没过多久，"大头佛"就又恢复了白马王子的形象，而"尼姑"的头发也很快长了出来，恢复了原来的姣好容貌。1949年年末他们有一张合影，大概是为了庆祝广州解放而照。照片上的李门一身戎装，年轻帅气，老庄双辫垂肩，清丽可人，与彼时结婚的"大头佛"和"尼姑"已相去甚远，此时他们已结婚三年。

这一段在战火中诞生的姻缘，经历了战火的考验，随着烽烟靖平，本想着可以在和平年代过上比蜜甜的生活，未料到等待他们的依然是一场新的磨难。

庆祝广州解放合影

1949年年末李门夫妇在广州合影

耘田四会“天仙配”

1951年李门、老庄夫妇合影

解放初期，李门夫妇服从组织的安排，从香港回到广州。李门在华南人民文学艺术学院、省文化局、省戏剧家协会等几个地方工作。老庄则从香港新民主出版社到广东人民出版社担任出版部主任，后来又到华南歌舞团任副团长，专门负责生活后勤。二人的好日子并没有多久，接下来就是一次次坎坷磨难。

李门的一生都为戏剧奔劳，他的欢喜与戏剧相连，他的悲苦也与戏剧相连。他最大的两次磨难，都是戏剧带给他的。20世纪50年代的波折是因为支持粤剧折子戏《山东响马》所致，60年代“文革”受迫害则是因琼剧《海瑞回朝》而起。这在前面已有叙述。李门能够安然度过这些坎坷磨难，不能不说是妻子老庄不离不弃、相濡以沫的结果。

夫妇二人原本住在广州市海珠北路仓前街省文化局的局长楼内。局长楼上下两层，每层有近200平方米。他们住在下层，楼内有电话，邻居就是红线女。楼前楼后有花园，种着石榴、桑树、黄皮等果树，还有一个很大的沙地和大露台。那是孩子们的乐园。

1958年，因为支持《山东响马》，上级认为李门和领导唱对台戏，是“反党性质的错误”。这出只有三个演员的独幕剧彻底改变了他们的生活。李门被撤销党内外职务，行政级别降一级，留党察看两年。局长楼自然住不下去了。

幸好老庄所在的单位广东人民出版社伸出了援手，把在文明路的宿舍楼最下一层的房间分给了她。这里原是仓库，前店后宅的格局，只有一间开门就是大马路的房间，后面就是有化粪池的过道和厨房。每隔一段时间清理化粪池，臭气几天不散。他们的饭桌要摆到街道上，洗个澡都不容易。过道上面的小阁楼还住着一户人家，后来搬走了他们家才住得像样一点。

搬了家还没完，李门还要下乡接受改造。改造的地方就在肇庆四会。李门平静地服从组织的安排，独自到了四会。

李门离开广州不久，领导担心李门自杀，就找老庄谈话。多年的夫妻，老庄对李门还是了解的，不过对于他的遭遇不公，她心里也有怨气，便回复说：“他是共产党员，是个唯物主义者，按理不会轻生。但是一个备受委屈、体弱多病的人被流放他乡，谁能保证不会发生什么意外呢？”

谈话之后，组织也有所考虑，便安排老庄去肇庆跟李门一起生活，照顾李门。老庄心里虽记挂李门，但是广州上有年已古稀的婆婆，下有五个年纪尚小的子女。两处艰难，几番抉择，她最终还是离开了广州，到肇庆照顾自己的丈夫。

李门初到肇庆，当地正准备将七星岩开发成旅游景点。领导看他持有广东省戏剧家协会的介绍信，想留他做宣传工作，协助编辑报纸。这在老庄看来，是不幸中的万幸，因为这既是李门的本行（李门曾在《华商报》工作过），工作也轻便，适合他的抱病之身。可是李门却觉得，自己既然是下来改造的，便不适宜再在宣传岗位工作，坚决要求分配到最艰苦的地方锻炼。

老庄见李门执意如此，便不再坚持。多年的夫妻生活，她早已习惯于尊重他的意志行事。二人便从肇庆城区下放到四会县先锋农业合作社劳动。先锋社是四会县的重点社，主要劳动是种田，全部由妇女负责，只有李门和另一个犯傻病的是男人。不久“大跃进”开始，李门夫妇负责包种一亩试验田，二人开始了“天仙配”式的生活。歌曲里的情景似乎很惬意，真实的劳动却是辛苦的。李门要负责运送全部秧苗，老庄则带着10个小女孩插秧。施肥、锄草、除虫、耘田全是夫妻俩的事情，任务很繁重。田里蚂蟥很多，不经意间就会被它们缠上。有一次，李门的腿上居然爬着八九条蚂蟥，鲜血直流，但他还无知无觉。

就这样日出而作，日落而息，他们二人活像一对农村夫妇，在田间和妇女们劳动、说笑，很快融入了田间生活。李门经常穿着牛头短裤，走在田间，整个人黑瘦黑瘦的，活像一个老农民。李门虽然是书生，但劳动也是一把好手，群众对他都印象很深，当地领导后来还专门写表扬信送到广东省戏剧家协会。

规律的劳动作息，让李门的精神、情绪渐渐好转，不在城里，远离政治批斗的喧嚣，他的心情反而好多了。这时候，他念及过往，想起1938年在此间抗战的情景。岁月悠悠，往事历历，旧时此地抗战烽火四起，战马纵横，如今却山花满眼，良田万顷，一片春色在望，他不觉起了作诗的兴致，一首七绝流于笔下：“何处山花满眼开，绥江春色扑人来。旧时战马纵横地，化作良田万顷栽。”从这首诗中，我们读到的全是充溢行间的革命乐观主义情怀，一点都没有被下放的颓丧之气。

就这样，一年时间转瞬而过。

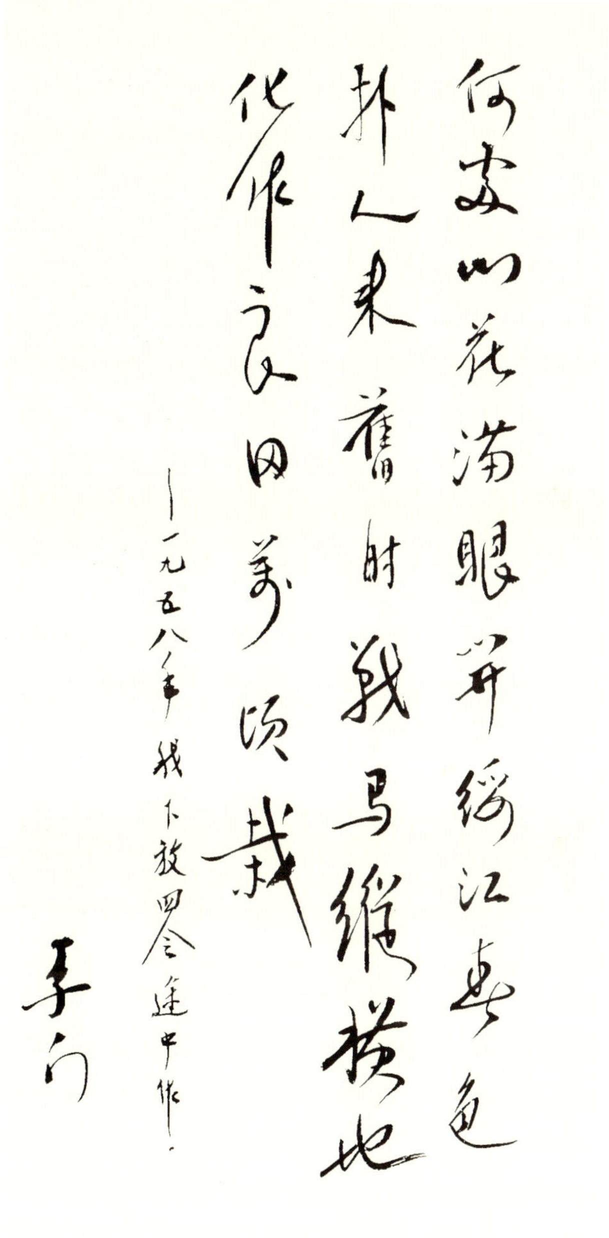

李门自书《七绝》（1958年下放四会途中所作）

海角天涯苦共尝

四会一年改造之后，1959年，李门夫妇回到广州。可是改造并未结束，他们又被下放到更远的地方——海南岛石碌铁矿。老庄依旧陪同，她接受的任务是，监视自己的丈夫。

有人觉得，李门犯错，老庄跟着受苦，实在过分。可老庄却无怨无悔，她说："我觉得一个人的苦由两个人分担，这样两个人都会好受得多。"于是二人乘舟过海，远离亲人，到了天涯海角接受改造。

在海南石碌铁矿，李门半天在矿上劳动，半天教书，有时晚上还要到矿山值班，听取信息，然后向领导汇报。值班后，经常是深夜，下山的缆车早已停开，李门就一个人沿着小火车行经的陡峭山路慢慢往回走。黑夜里周围静悄悄的，一个人也没有，一不小心就会有掉下去的危险，但他很快就习惯了。

此外，李门还要在铁矿技工学校上课，而且是大课，就是要在大礼堂给学生讲解时事或政治。他的课很受欢迎，礼堂总是挤得满满的，不时便会有满堂笑声。因为李门在石碌是大知识分子，许多人对他都是毕恭毕敬的。铁矿领导也很照顾他，总是尽可能地在生活上给予优待，经常关照些罐头、糖果、饼干等紧俏品。

李门在海南石碌铁矿技工学校上时事政治课

日子过得还算不错，他们决定将孩子接几个过来，以便分担广州老母亲的重担。毕竟母亲年事已高，要照顾五个孩子着实不易。当时，二女儿李小曼、三女儿李小瑛在华南师范学院附属小学（即后来的广东省实验学校）上三年级，最小的女儿李小桦还在上幼儿园，家里粮食比较紧张，每个人一个月才13斤米，又没有肉，这对于正在长身体的孩子来说，无论如何是吃不饱的。

于是，二女儿、三女儿便从广州来到海南，转到石碌的矿工子弟学校上学。学校的条件相比广州，自然差得很远，没有操场，上体育课要在马路上跑步；课室也不够，每个班没有固定的教室，学生要带着椅子到处找教室，有时甚至在露天上课。师资更是没法比。尽管夫妻俩事先亲自考察过，但是即便硬件条件如此，他们也没有办法，还是得把她们接到身边来照顾。

可是，李小曼、李小瑛都对于未知的环境有着美好的憧憬，她们俩在广州码头启程时又跳又唱，让不能去海南的哥哥妹妹羡慕极了。

李门夫妇的住宿条件，只有一间不大的房间和一个小厨房，没有厕所和澡房，共用的厕所和澡房在比较远的地方。伙房提供的伙食也很差，没有肉食，炒菜基本不放油，黄黄烂烂的一盆。米饭是陈年老米，饭粒泛黄，没有香味。

然而，女儿们开朗天真，丝毫不以为意。抽屉里的糖果没几天就被她们一扫而光；学校的联欢会、老师的婚礼，她们总是最早到场；她们还和邻居的孩子一起进山砍柴，学着开辟菜地，到石碌广场排队买一分钱一条的咸雪条（冰棒），一买就是10多条，吃到满肚咸水荡漾为止。

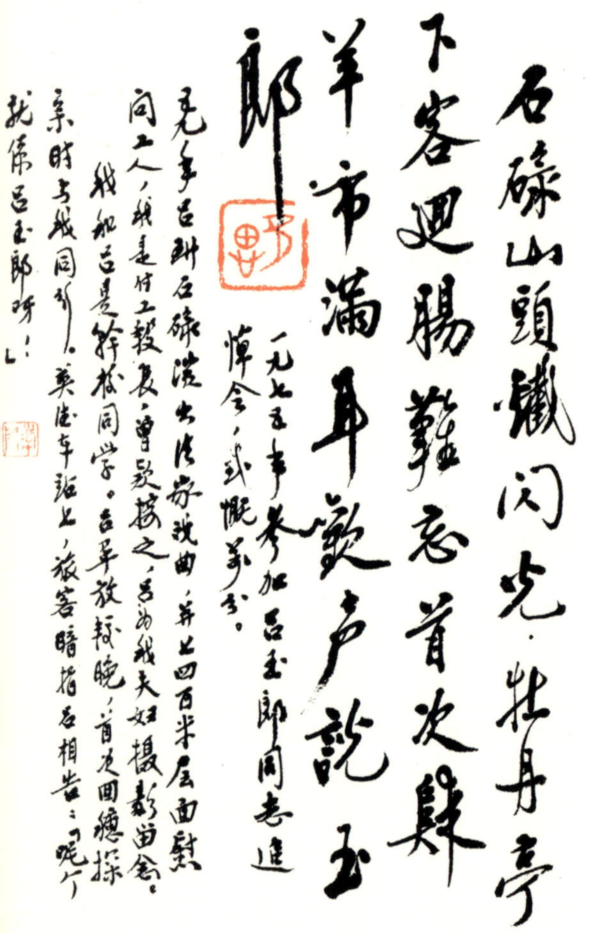

1975年李门作诗哀悼昔年到石碌演出的著名粤剧演员吕玉郎，因忆及旧时岁月，感慨万千

由于李门经常出差在外，女儿们的到来给寂寞的老庄带来了热闹和欢乐。但女儿也有惹祸的时候。有一次，李小瑛晚上去学校的菜地偷摘番茄，被几个学生发现，押送到了李门面前。这倒主要不是为偷番茄来兴师

问罪，而是岛上虫蛇众多，毒蛇尤其不少，他们担心她被蛇咬到了。李门一听，也急了，严厉批评了自己的女儿。那时候，孩子都很乖，都怕挨批评，所以一挨批评就会立马改正。

李门在海南第一次见到可可树颇为欣喜

老庄随着李门到海南后，工作也做了调动，在石碌铁矿公司财务科担任科长。石碌铁矿直属中央管辖，是当地最好的单位。二人在海南岛生活愉快，渐渐摆脱了改造的阴影。李门工作认真，又有学识，很受上下敬重。在海南的两年时间，李门每年都被评为先进工作者。然而，祸兮福之所倚，福兮祸之所伏。正当李门改造期间受到重视，感到人生充满希望的时候，等待他们的却是一场更大的灾祸。

当时，为了庆祝新中国成立十周年，海南区党委为了献礼，选取海南岛最著名的古代人物——清官海瑞作为创作突破口，决定编排琼剧《海瑞回朝》作为献礼。剧本创作的任务自然落到了有戏剧工作经验的李门和杨嘉手上。

李门对于领导交代的任务向来无二话，高高兴兴地领了命。海南是海瑞的故乡，他和杨嘉等专门实地考察，体验生活。而后关门创作，终于完成了《海瑞回朝》剧本。该剧赶在新中国成立十周年期间上演，取得了很好的反响。只是这事已经悄悄埋下了祸根。

李门全家福（前排右起：李小沂、李门母亲陈三妹、李小桦；后排右起：李小曼、李英棋、李门、老庄、李小瑛）

1960年，改造结束，全家人回到广州。李门被分配到广东省剧协任副主席，老庄则到华南歌舞团任副团长，两个女儿李小曼、李小瑛也重新回到广东省实验学校读书。第二年，他们分到了新的住房，搬到广东省委为文化人新建的楼房——大沙头沿江三路419号，是四幢三层小洋楼，有大花园。李门年迈的母亲此时腿脚不便，他们便选择住在一楼，那是四房一厅的格局，约有150平方米。环境也颇为清雅，阳台上种满了花草，院子周围也栽种着夹竹桃，开花时红花满眼，热情如火。生活似乎打开了新的一页。

五载“牛栏”相濡沫

事情正在起变化。谁也没有料到，一场破坏文化的“大革命”在全国展开，以势不可挡的姿势，似乎要摧毁一切。由李门和杨嘉执笔创作的《海瑞回朝》也成了李门的新罪状。什么“国民党的残渣余孽”“叛徒特务”“反党分子”……所有能想到的人身攻击都派上了用场。他不断被造反派拉去禁锢和斗争，一会儿在市一宫，一会儿在中山大学，一会儿又去了歌舞剧院，家里人完全不知道他在哪里。

李门回家时，人已经瘦了一圈。他更愧疚的是连累了家人。在学校里，孩子们如“过街老鼠”，不时被红卫兵喊到操场上训话，甚至被喊作“狗崽子”。在高涨的“革命情绪”促使下，家里似乎分裂成了两大阵营。同住大院的孩子组成了批斗小组，决定开批斗会。虽然在别人的眼里他们的父辈都是“牛鬼蛇神”，他们都是“小牛鬼蛇神”，但自己依然是革命的接班人。批斗自己的爸爸，就是最要求革命的表现。

批斗会从李门家开始。一群孩子把李门围在中间，要他交代问题。李门已被剥夺了教育子女的权利，他像对待群众一样认真回答

李门夫妇20世纪70年代合影

孩子们的问题，详细汇报了这段时间的思想状况，检讨自己的不足之处，但坚决否认反党。

孩子们批斗之后，晚上还要监视自己父母的言动。要抓住父亲的一些反党言行。可是他们听到的却是父母二人互相的勉励和安慰。这时，妻子成了李门坚强的依靠、精神支柱。到了晚上，老庄就安慰他："党的政策是治病救人，犯了错也不用怕，何况问题还没有弄清楚，到底怎么回事还不知道。最多下乡再当农民，你到哪里我也到哪里，没什么好怕的。"妻子的温暖话语和不离不弃的决心让他深受感动。

这绝对不是简单的安慰，妻子早就用行动证明了这点。在多年的相处中，他们俩互相依靠，互相依赖，互补长短，没有因为各种运动分开过，无论是反右期间差点当了右派被下放到农村改造，抑或是到海南岛改造，或者后来到五七干校当农民，他们都不离不弃，携手共渡难关。妻子的乐观精神感染了李门。他十分庆幸老庄一直在他身边，与他相濡以沫，共经患难，使他能够如释重负地与农民、工人、学生相处，并在四处漂泊中学会了许多东西。

1968年，李门被关押到五七干校——广东英德茶场，老庄仍旧陪护在旁。这里本来是关押犯人的劳动场所。他们干的都是力气活，摘茶、施肥、放牛……俨然成了地道的农民。每天清晨，太阳还没出来，他们就已经在茶山上采茶，露水沾衣，双脚踩着烂泥，双手不停地运动，他们管这叫“晨运”。等到太阳出来，他们已经收工下山，准备做另一项农活，或者放牛，或者施肥，或者除草……

晚上接着学习，要斗私批修。管他们的部队干部对他们说：“你们要安心在这里改造，准备一辈子在这里劳动。”似乎在他眼里，这些文化人还不如农民。即便如此，这些话也没给他们多少刺激，因为那时候，他们早已做好当一辈子农民的准备。后来，李门在五七干校做了副校长，他最出力、乐于做的事就是替受冤屈的老同事平反，对此他尽心竭力、周而复始，把个人利益置之度外。

就这样，夫妇二人过了整整五年劳动改造的生活。“大快人心事，揪出四人帮。”没有过不去的黑夜，没有迎不来的黎明。在“文革”结束后，李门夫妇终于回到了广州，工作也恢复了。

李门夫妇在荔湾湖公园与长孙女李克兰合影

暮年书画两知音

1979年，改革开放的春天来了，此时的李门难以抑制心中的喜悦，欢呼道："春回大地，党的十一届三中全会放出了复苏万物的光芒。"

首先是随着"文革"的结束，对海瑞的无端指责也随之终止，这相当于为因创作《海瑞回朝》一剧而被批斗的李门等人做了平反。1980年，《山东响马》的"反党"冤案也得以平反，省委撤销了对他的处分。

晚年过上平静生活的李门夫妇，脸上充溢着阳光笑意

李门80大寿，关山月送来贺词："国泰民安人增寿，祝君桃李满门前。"

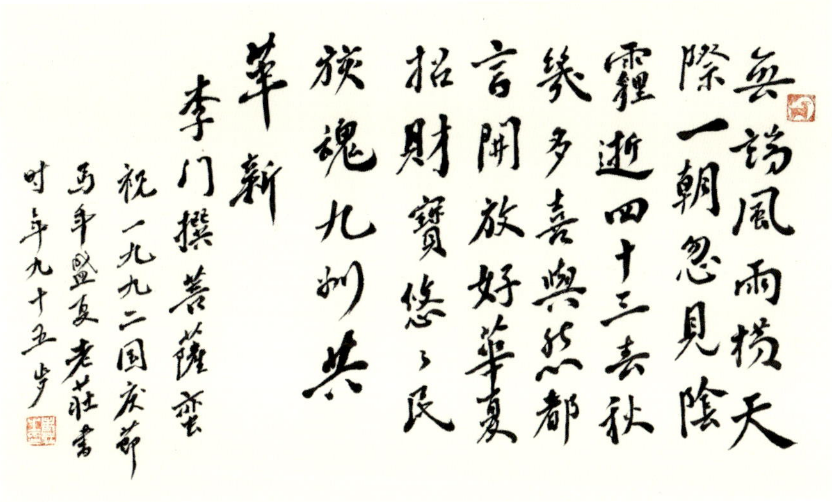

改革开放后，李门撰诗抒发情怀，老庄手书

从此，头上莫须有的罪名一扫而光，60多岁的李门重新投入工作之中，在退休前尽力发挥自己的余热。他总想把耽误的10多年夺回来。可惜的是，李门夫妇已经步入老年。

晚年的李门常常半夜醒来便睡不着，由于得了忧郁症和神经官能症，时常会胡思乱想，甚至自怨自艾，这些都深深地折磨着他。这是解放后遭受历次运动迫害的恶果。即便如此，李门仍执著地认为虽生不如死，却绝不会去死。这一方面是他革命战争年代养成的乐观主义精神和毅力支撑着，另一方面是妻子老庄的鼓励和安慰带

李门为老庄的国画题字“荷气生凉”

李门为老庄的国画题字“好鸟枝头亦朋友”

李门为老庄的国画题字“喜听雄鸡唱太平”

李门为老庄的国画题字“豪杰多情原一体，高枝双宿比天宽”

老庄在挥毫

给他温暖。

他积极地找医生治病，坚持吃药。无法自解的时候，他就找老庄谈话，半夜里夫妻俩在床上夜谈，让老庄开解他。妻子对李门还是了解的，她的倾听和抚慰，让李门很受用。“我向你坦白，你是牧师……”在1996年的金婚纪念宴上，李门对孩子们说：“没有你们的妈妈，我早就到马克思那里去报到了。”

因为睡不着，李门就闭着眼作诗。晚年他的很多诗歌都是在床上写的。有一首诗叫《病中偶作》：“病体支离夜倍长，难于寻梦到家乡。凭妻白昼偿吾愿，田老诗文读几章。”

老庄80岁那年，曾被自行车撞倒在地，当时感觉没事，过后却渐感头痛，几天之后竟然不省人事，动弹不得，被急救车送到中山医学院。李门急得不知道如何是好，开刀那天，虽然有孩子们轮班

李门在老庄画展上合影，右一为李门三女儿李小瑛

到医院陪护，他仍坚持在医院守护。直到知道手术很成功，从脑中清理出一大碗瘀血，这才放心。出院那天，李门早早就在马路边守着，等妻子老庄平安归来。这也是一种不离不弃。

李门生命的最后几年，也曾两次中风，加上多年的神经官能症，身体状况每况愈下。这些日子，都是老庄一直在身旁悉心照料。老庄是他最可依赖的精神支柱。

夫妻俩有个共同的爱好，常常以书画自娱。老庄晚年重拾画家梦，参加了岭南老人大学，后来又转到离家较近的省老干大学，每周都去学绘画，素描、工笔、粉彩、国画……她在那里坚持了整整十年。

十年磨一剑，许是天赋所致，许是勤奋而来，老庄所画的老鹰展翅、雄鸡高唱、鲤鱼摆尾、木棉怒放、红梅迎霜、竹叶婆娑，每一笔都透着精气神。而李门则常常为她的画作题字、题诗，“引子”中的牡丹诗、木棉山椒诗就是两个显例，还有《荷气生凉》图、《喜听雄鸡唱太平》等，无不是二人书画的合璧。老庄出版的画册《老庄书画习作选》和《老庄书画选》的书名题字，均出自李门之手。

其实，老庄的书法也不错，她用了两年的时间，涉猎隶、楷、

老庄为庆祝抗日战争胜利60周年所作国画

老庄在李门塑像前留影

行等书体。人说宁精勿杂，老庄却多体兼备，且进步神速。观其隶书俊朗稳健，而行书则飘逸潇洒。2012年，莫广智为纪念亡妻叶惠斌出版的《她在丛中笑》，书名即由老庄题写。其楷书之作《爱莲说》也曾送往日本参加中日友好展览。

老庄自言写书法，最喜欢抄李门所作的《黄河碑林诗》和《芦苞礼赞》，可见夫妻俩之间互相赏识的深情。《黄河碑林诗》用隶书体，端庄俊秀；《芦苞礼赞》则用欧体楷书写就，平中见险，大方稳健，深得欧阳询九成宫的韵味。

李门逝世后，每逢春节或清明，老庄就会和孩子们回到李门的老家。她说："对那个山清水秀的地方，我有一种特别的感情。成语有‘爱屋及乌’这个词，我对三水芦苞李洲村那间李门的祖屋，就是爱屋及乌。虽然我从来没有在那里住过，但我觉得那里有李门的气息。”

2005年纪念抗战胜利60周年，老庄受颁抗日老战士纪念章，并代表抗日老战士接受了电视台的采访。那天，老庄从自己的画作中挑选出一幅，画中两只鸟儿依偎着站在叶茂花繁的紫藤枝头，画面宁静而生动。老庄在上面补了一行字：庆祝抗日战争胜利六十周年。此时老庄最大的心愿，一定是和仙逝的李门一起，静静分享当年的胜利和今日的荣光。

第四章

直如松柏留正气
洁似寒梅有雅风

“无意苦争春，一任群芳妒。零落成泥碾作尘，只有香如故。”（陆游《卜算子・咏梅》）梅花往往是中国历史上诗人、作家吟咏的对象，其“铁骨傲冰雪，幽香透国魂”的昂扬斗志和奉献精神颇受人们赞赏。

李门也喜欢梅花。在其笔下，有不少关于梅花的吟咏，如“红梅千里送清芬，不为争春为报春”“天半岭南第一关，梅花高处不胜寒”等。著名国画家、岭南画派代表人物关山月曾画一幅红梅图赠予李门，画上的红梅枝干如铁，繁花似火，雄浑厚重与清丽秀逸兼有，壮美古逸与昂扬豪迈并存，应是关氏梅花的得意之作，更是李门一生品行的传神写照。

“直如松柏经历几多霜雪但留一身正气，洁似寒梅不扬半点芬芳自有万般儒雅”，四女婿朱小丹所撰写的这副对联，是对李

岭南国画大师关山月送给李门的国画《梅花》

门最贴切的评价。

李门一生如梅，虽经冰刀霜剑，仍旧凌寒独自开；虽居竹篱茅舍，依然不改其志。高尚其格，刚毅其骨，素洁其品，俭朴其风，在全省戏剧界有很高的威望，是以任仲夷赞其为“优秀的文艺战士，戏剧工作者之楷模”。

2000年5月15日，李门逝世，享年86岁。遵照他的遗愿，家人将他的一半骨灰撒在家乡三水的李洲河上，另一半骨灰则埋在银河公墓。临终前，他嘱咐将省下来的2万元捐献给家乡三水洲面小学，将家里的部分藏书捐给三水市图书馆。实则他晚年病魔缠身，药费开销甚大，已无多少积蓄。但他儒雅的君子风，高尚的人品，留给后世的精神财富，亦将如梅花一般，纵使零落成泥，碾作尘埃，犹有香如故。

春风秋雨三兄妹

李门宽容大度的母亲陈三妹

对李门一生影响最大的应该是他的母亲陈三妹。她的坚忍、宽容、大度，是李门得以成为李门的重要基因。

李门出身于农户家庭，父亲常年在香港经商，一年到头只有清明回乡扫墓住几天，以至于他小时候连父亲的模样都认不真切。母亲则在家拉扯他们长大。她不识字，但识大体。16岁嫁入李家就任劳任怨，为李家生儿育女，自己终日在田头地尾侍弄桑麻。对于丈夫在香港纳妾，她也毫无怨言，未说过一句闲话。甚至在李门的庶母说自己没有生养深觉寂寞时，还咬咬牙将女儿李昭送到香港陪她，自己带着小女儿惠莲在乡间生活。

若把陈三妹的性格视为恬淡隐忍，肯定不大恰当。事实上，她一生在儿女的一些作为上都表现出相当的宽容大度和支持。她的“世界观”就是只要儿女中意，她都大力支持。比如李门幼年到香港圣约瑟书院求学，她心里虽然认为李门此举违背了李家经商的古训，且不学汉文学番语，可依然支持他。儿子到广州上大学后，她又毅然带着惠莲离开老家，一家四口在广州“另立门户”。对于儿女们到处演戏，她从不认为是不务正业。有时家里成为剧团开会、排戏的场所，她也很欢迎，大家都亲切地称她三婆。

广州沦陷后，李门兄妹三人先回李洲拜别母亲北上。那时她已回乡下过日子，母子相见都很高兴，可是得知儿女马上就要走，她的泪水夺眶而出。聪敏的小妹惠莲赶紧指着胸前的证章说：“阿婶（乡下惯称母亲为阿婶），我们领了这东西，不走是不行的！”母亲爱抚着小女儿的辫子说：“你呀，才11岁呀！”说着眼圈又红了。然而纵有万般不舍，她仍忍着悲痛目送他们上路到艰险的前线去。这个宽容大度的农村妇女，以她特有的坚忍支持着李门三兄妹的战斗。

母亲的支持是兄妹三人愤而从事抗日救亡的强大后盾。当时“遍地腥云，满街狼犬。称心快意，几家能彀”？他们三兄妹一路参加锋社、七政大到鲁迅艺宣队，都坚定地团结在一起。

大妹李昭能写一手好文章，她沉稳、敢干，16岁参加革命，在前线伤兵转运站工作，面对伤亡战士，居然一点都不憷。她曾以血泪写就散文《英灵的祭品》，在《耕耘》上发表。小妹李惠莲11岁就加入锋社，有一把清亮的嗓子，在剧团里担任独唱演员。每次演出，她开头一句首板“怀国难，赴戎机，关山万里……”就把观众震撼得鸦雀无声。即使上前线急行军，她也一样背着行军包袱一道走。

两个妹妹，一个能唱，一个能写，让李门颇为自豪。

李门三兄妹（1941），前右为大妹李惠卿（李昭），前左为小妹李惠莲

李门和小妹李惠莲

他们多次在舞台上和街头合演，而且还总是扮演父女的角色。在《放下你的鞭子》演出中，李门饰演卖艺老汉，李惠莲饰演女儿香姐。当演到香姐挨饿唱不下去，老汉举鞭要痛打的时候，李门突然“出戏”了，他觉得眼前就是他年幼的妹妹，不禁号啕大哭，让围观的人们十分惊愕。在历史剧《虎符》中，李门和李昭也分饰侯嬴父女。后来在正面战场抗日部队工作，彼此虽然从事不同的工作，但李门始终牵挂自己的妹妹。

在聚少离多的战争环境下，三兄妹逐渐长大成熟，各自找到了心仪的对象，都是战斗队伍里的战友。李昭和韦丘是在战斗中走到一起的。韦丘也是李门带到队伍中的，是诗人。二人后来随东纵撤至烟台，一直在两纵文工团，

李门和大妹李昭

李门夫妇和大妹夫韦丘（后排右二）、大妹李昭（前排右二）、小妹夫叶林（后排右三）、外甥叶农（后排右一）合影

以文艺为武器，为战士们服务。在歌剧《白毛女》中，李昭饰演喜儿，韦丘饰演狗腿子穆仁智。每次演出都博得不少观众的眼泪。有一次演出，一个战士愤而跳上台，揪住饰演穆仁智的韦丘劈头就打，让“喜儿”赶紧心疼地问韦丘被打得要不要紧。他们在解放战争后成亲，新中国的礼炮声是他们的“证婚人”。

小妹李惠莲和叶林同是锋社少年队队员，二人都酷爱音乐，在歌声中长大。20世纪40年代，他们一起就读于福建音专，后来又一块参加了江苏省松江文工团。

三对夫妇6个人，既是亲人，又是战友，无论战争年代，抑或和平时期，他们都亲密无间。解放后，小妹李惠莲在总政歌舞团任独唱演员，后在解放军艺术学院任声乐教师。可惜的是，“四清”期间她因受伤住院抽脊髓过多而瘫痪，卧床6年，都是叶林在旁呵护备至。1972年李惠莲逝世，时年45岁。这让李门、李昭二人痛苦万分。

可是为了不让身心劳瘁的老母亲知道，他们忍着悲痛，隐瞒了小妹逝世的信息。可是，母女连心，心细的母亲岂有不知之理？追悼会的照片收得再密，她都能觉察，只是不忍拂却儿女的好心，唯有暗自落泪。1973年，母亲也病倒了，瘫痪了几个月，在同年12月与世长辞，享年86岁。而此时，李门的错案尚未平反，她应该是带着对

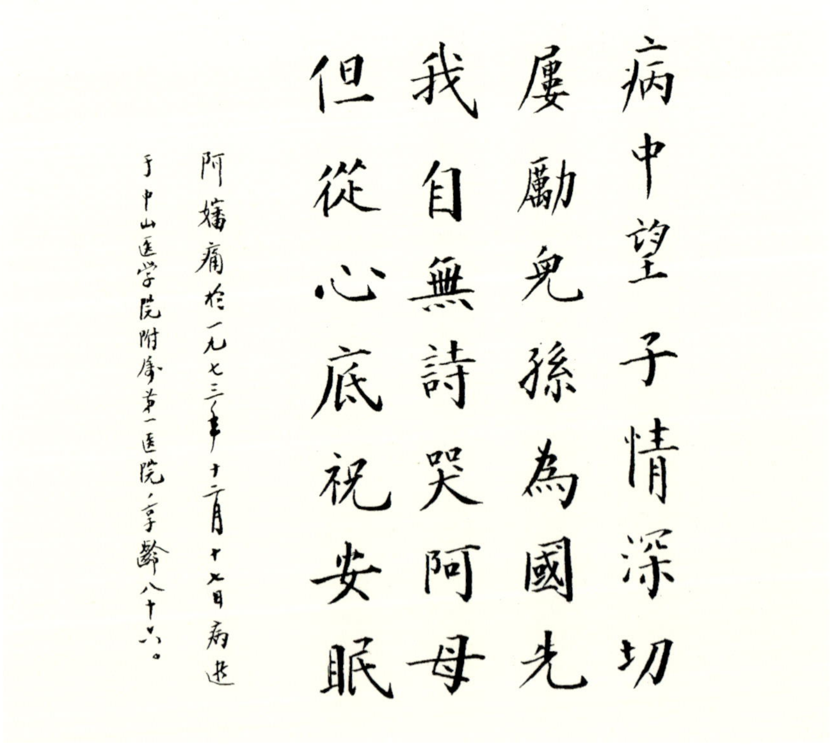

李门在母亲去世后作诗哀悼

儿女的不舍和牵挂去的。

李门后来作诗以寄哀思：“病中望子情深切，屡励儿孙为国先。我自无诗哭阿母，但从心底祝安眠。”还和妹妹李昭撰写了《宽容大度的母亲》一文表达深切的怀念和哀伤。

大妹李昭在岭南美术出版社副社长岗位上离休后，担任了东纵女战士合唱团指挥等社会工作，晚年还和老庄等三人开展“东纵女战士画展”。1993年3月18日，在锋社和中原剧艺社纪念联欢时，李昭高歌一曲《女战士》以缅怀小妹。没想到17天后，李昭突因痢疾并发医治无效而随小妹于泉下。这让李门不禁老泪纵横，写下了《风雨三兄妹》一文。其后有一首苦吟寄托了李门深深的哀痛：“烽火常闻号角声，平时案牍亦劳形。春风秋雨三兄妹，生死悠悠两地情。”

春风秋雨，日换星移，纵使生死悠悠，李门的这一段母子情、兄妹情，让人感动，让历史铭记。

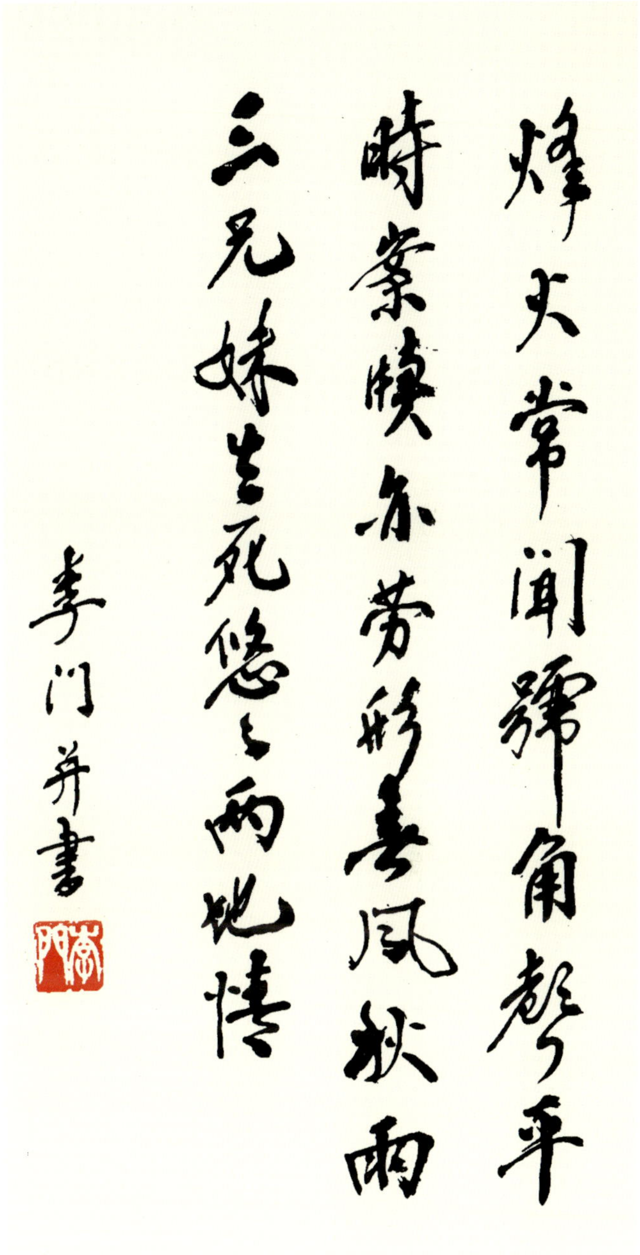

两位妹妹先大哥而去，让李门悲痛万分，作诗追忆三兄妹的旧时岁月

感恩师友交谊厚

常言道："从交友看人品。"这自然有"物以类聚，人以群分"的意思，但更多的应是"与善人居，如入芝兰之室，久而不闻其香，即与之化矣。与不善人居，如入鲍鱼之肆，久而不闻其臭，亦与之化矣"或"见贤思齐"的道理。

李门一生师友交谊甚多，这对他的成长过程中品行的塑造影响甚大，所以他感念极深。每每听说战友、故交先他而去，则不免要形诸笔墨，诗词以挽了。这些诗文，念及往事，娓娓叙来，读之真切，都是肺腑之言，绝不是敷衍之作，潦草塞责之笔。

中国现代著名文学家
郭沫若（1892—1978）

在李门交往的师长中，有郭沫若、茅盾、田汉、欧阳予倩、夏衍、马思聪、蔡楚生等领导和前辈，因为长期在戏剧领域工作，彼此的交情匪浅。李门一生也对他们存有相当的敬意。1943年，他写信给郭沫若汇报七政大演出《虎符》的情况，郭沫若专门回信给李门说："勇气与专精，是成功的最大要素，对客观事物，必须用尽全力以处理之，未能称意，死不罢手，天下实无难事。"这对于李门50多年的戏剧生涯应有很大的鼓舞，以致郭老的题词原件在"文革"中被抄去，不知所终之后，他还念念不忘，自己手录之。1978年听闻郭沫若逝世的消息，他还写了《泰山之神永生——忆郭沫若同志》以悼，哀痛之意，溢于言表。

夏衍、田汉、欧阳予倩等是中国话剧界的先驱。夏衍的谦恭待人让李门印象深刻。二人在解放前就有多次交往和合作。1956年李门率粤剧团进京会演时，夏衍极为支持，认为粤剧具有底子厚、音乐最丰富、接受外来文化艺术快等特点，鼓励他们不要自卑。还介绍他们拜会梅兰芳，合影的时候大家都围着梅兰芳，他则潇洒地站在后排的旁边，其平易近人的作风让李门铭感之至。

中国现代著名剧作家
夏衍（1900—1995）

1994年在纪念华南文工团45周年联谊会上，关山月为李门八十祝寿赠诗

1978年7月，李门与艺术界朋友参观美术作品展。（从右到左：李门、关山月、胡一川、李嘉人、黄新波）

田汉是著名的剧作家、诗人，我国革命戏剧运动的奠基人和戏曲改革运动的先驱者；欧阳予倩是中国话剧的拓荒者之一，曾翻译过舒尼得邦的《皮格马林》。李门与他们相交甚多。他早年就演过田汉创作的《回春之曲》，亦正是欧阳老翻译的《皮格马林》这个戏把李门“带进话剧的大门”，在他的“狭小眼光中敞开了话剧深邃的灵魂世界”。后来他率七政大到桂林取经，与他们相见于漓江之滨，并亲聆其教。李门认为，欧阳老“十分重视念词”，“不只是说理，还做着示范表演”，将“启迪和教导相结合”，是融合了现代和戏曲的经验并蔚为一家的新型方法。1944年，田汉、欧阳予倩二人出面举办西南剧展，李门率队参加，得到二位师长的鼓励和支持。1956年中国剧协广州分会成立，田汉不远千里莅临指导，并且认为推广普通话是必要的，但不能由此否定粤语存在的长期性，鼓励继续搞粤语话剧。李门说："田老的无可辩驳的话，的确救活了粤剧。即使在今天，我们还应该三复斯言。"李门与欧阳老在解放后接触的机会更多，欧阳老孜孜不倦、老而弥坚的治学精神，成了李门学习的榜样。

在广东粤剧界，李门与薛觉先、马师曾、红线女、靓雪秋、白驹荣、南海十三郎等过从甚多，专门写过一些文章、诗词记录彼此的交谊。马、红夫妇，是他很好的朋友。三人曾一块晋京会演。

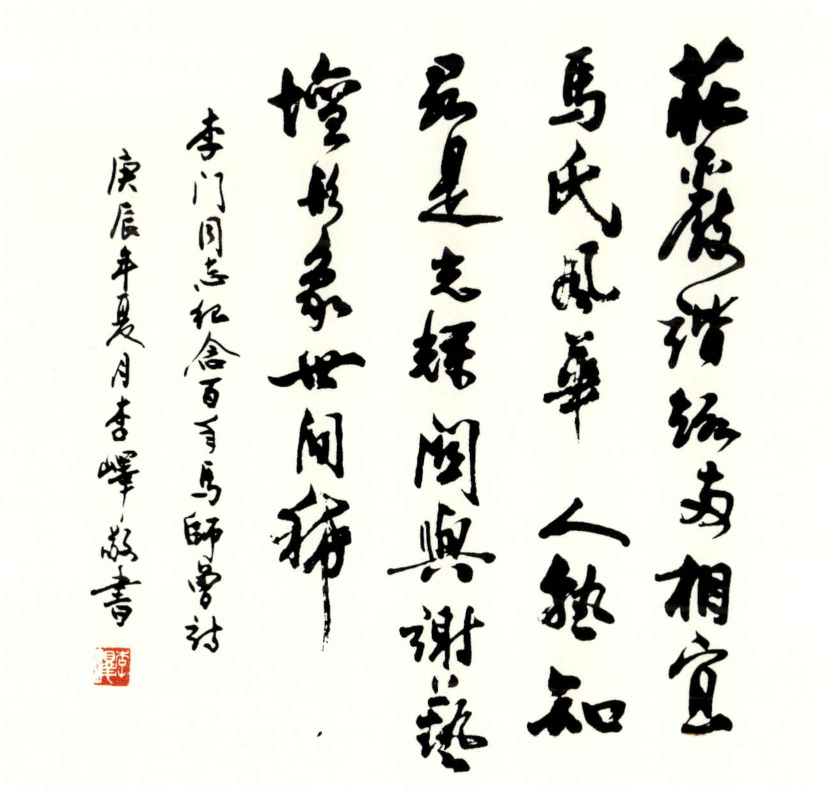

2000年，李门为故友马师曾百年诞辰纪念所作的七绝，诗成不久，李门亦告别人世，但这一段友情却至可铭感。诗由粤剧研究专家李峄书

李门（右二）与著名书法家麦华三（右三）交谈

马师曾提倡通俗，反对风花雪月、咬文嚼字，讨厌“古木苍松参天秀”一类可有可无的写景话，他的通俗语言却干脆了当、雅俗共赏，博得大家的喜爱。这种“惟陈言之务去”的态度对李门后来的诗词创作应有一定的影响，所以他的诗词都通俗易懂，并不用赘语陈言。

李门一生从事戏剧文艺工作多年，在戏剧救国中更结交了很多导演、战友、艺术家朋友等，如饶彰风与何秋明夫妇，导演陈卓猷、赵如琳，美术家罗中、黄新波，作家陈残云，锋社的战友梁绮、马孟平、莫广智、何铭思等，还有韩青等来自异域的友人。他们在战争中患难与共，相互搀扶，谱就了一曲壮怀激烈的正气歌。

李门为人正直、宽容，深得大家的拥戴。何铭思对这个曾经的老上级、老大哥颇多感恩，在《薪火相传》中开头即说："我这个'香港仔'，抗战期间就是跟着李门走过了韶关、新丰、翁源、南雄、乐昌、仁化，跟着您和其他哥哥姐姐学习而逐渐懂事，逐渐知道做人的道理。这几十年我就是跟着您，以您为楷模。"

解放后，李门虽然多次遭受迫害，仍有不少一起共患难的朋友，如黄宁婴、杨嘉等。黄宁婴与他因支持《山东响马》同受牵连，一起被禁在一个秘密地方接受"审查"。黄宁婴因家里有事

与著名小说家、剧作家陈残云合影

1978年7月李门参观“华国锋主席在湖南”美术作品展览（右二为李门）

与著名剧作家吴祖光（右二）留影

被“允许”与家人见面一次，并得知了战友徐疾被迫害致死的噩耗。谨慎而周到的黄宁婴生怕李门听到这个消息之后想不通而横起心追随徐疾于地下，硬是忍住了没告诉他。因此李门直到被释放后才知道，特地在《花和刺》中叙及此事表示感念。二人后来还有诗词唱和共勉，这些都是患难与共的最好见证。

由后到前：陈残云、李门、于逢、肖殷、黄宁婴

杨嘉则是和他创作《海瑞回朝》、后来在“文革”中同遭迫害的“难友”。患难见真情，后来杨嘉多次请李门题画或作序。1975年他曾拿一幅翠鸟嫩竹图向李门索诗，当时的政治气氛正是“虽然显露生机，但还没有兴旺之气”，因此李门题了一首七绝与之互相共勉：“昨日东篱植数枝，参天挺拔看来时。羽毛秀美堪珍惜，不及鲲鹏展翅飞。”

诗风墨韵兴味长

李门是在“文革”过后才开始写诗填词的。他填词作诗的因由，恐怕不得而知，但说是“少壮工夫老始成”，却非虚语。长子李英棋就曾说他“在家乡读小学就开始积聚文学素养”。而后来长年从事戏剧艺术工作，尤其解放后同粤剧结下不解之缘，与古体诗词曲赋的接触更不在少数，年经月累，出口成吟自是顺理成章。从李门现存的诗词数量看来，从“文革”后直到逝世，作品不下二百首，时间长达二十多年，也可见其诗不妄作之意。

“歌诗合为事而作”（白居易语），应是李门所奉行的现实主义诗歌理论。这从他现存的诗作中可见一斑。李门的诗词均言之有物，不做无病呻吟之语。从内容来看，并不局限于某些题材而吟咏，而常常针对工作、生活、友情等具体某事而作，有咏怀古迹、忆往述怀、悼友伤逝、登山临水等方面的篇什。所以后来创作的诗作可视为他个人一生的“诗史”。

“诗言志”也是他奉行的诗歌主张之一。李门绝不是那种“吟安一个字，拈断数茎须”的苦吟派。他的诗作多是“言志”的产物。在心为志，发言为诗，一切浑然天成。在《英风雄韵万年

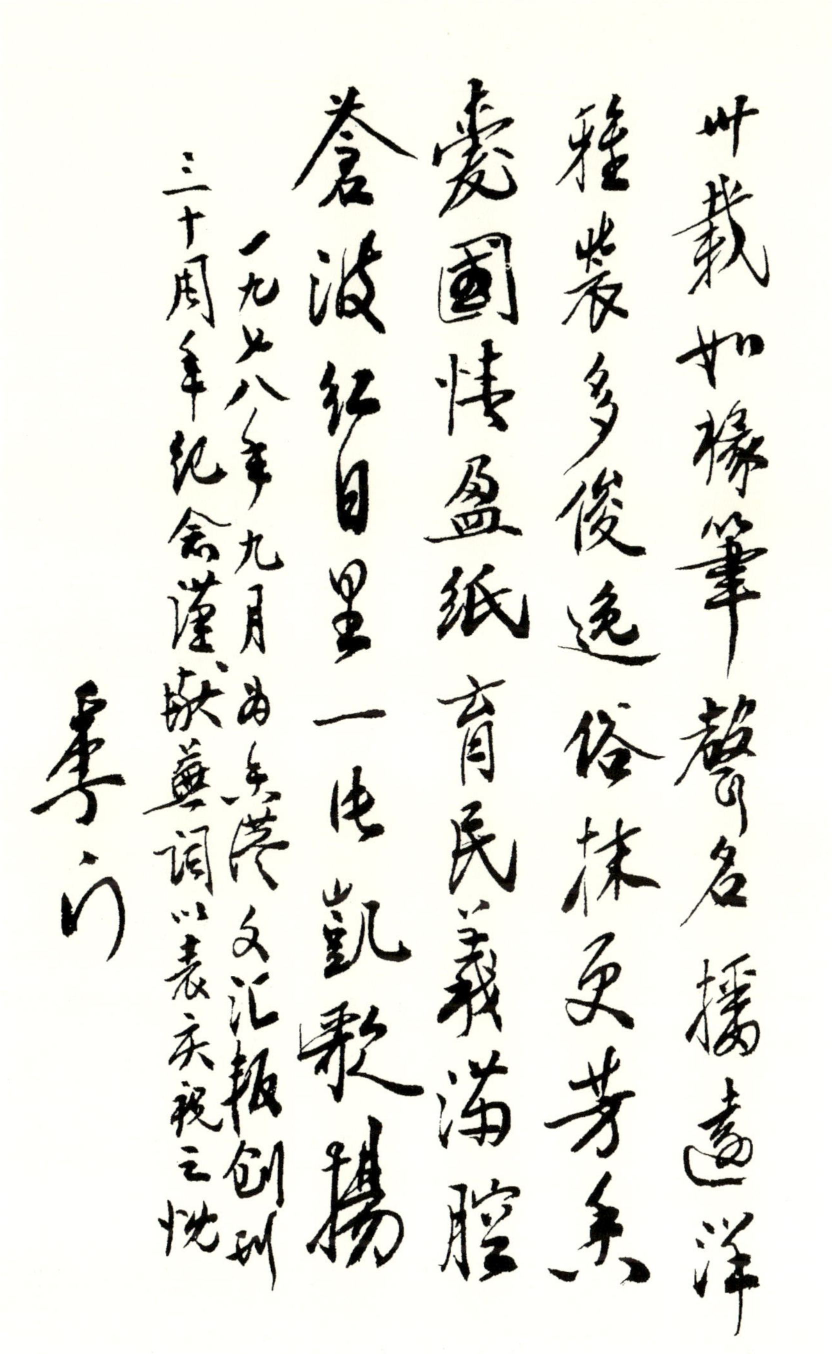

1978年，李门为纪念香港《文汇报》创刊30周年作诗并自书。“爱国情盈纸”可视为其诗风的写照

州载如椽笔，声名播远洋。
雅装多俊逸，俗抹更芳香。
爱国情盈纸，育民义满腔。
苍波红日里，一片凯歌扬。

——李门为纪念香港《文汇报》创刊30周年作诗

青——读〈革命烈士诗抄〉有感》中，他曾对“诗言志”有一段精彩的解说：

“志”是人在现实磨炼中所孕育的思想，这种思想可以通过这样或那样的形式体现出来，而诗往往是最明锐的形式。所谓“在心为志，发言为诗”，烈士们在生死搏斗中无意于寻章摘句，但他们炽烈的革命襟怀显然像天籁一般找到了不能再恰切的语言，这种铁铮铮的音响足为祖国诗坛增添异彩。宋人严仪卿说过：“诗有别趣，非关理也。”这种片面强调“诗趣”的纯艺术论调我们不敢苟同。倒是唐人杜牧说得好：“意能遣辞，辞不能成意。”

李门的“言志”并不是仅限于个人化的抒写，而是基于其爱国的大情怀。他喜欢屈原、贾谊、戚继光、黄遵宪、谭嗣同、章太炎等人所写的豪放大气的词赋，爱民忧国的诗章。他作的《七一颂》《献》《树德楼》等都充溢着爱国主义的豪情。他之所以推崇《革命烈士诗抄》，也正是因为里头是“血晶铁韵”，是教育后人的鸿文，激动人心的壮歌。

不过所谓质胜文则野。李门并不片面强调思想的重要性。毕竟“思想不等于诗”，而是要情理交融、思想和艺术相一致。他的外甥黎服兵就认为：“情景交融中体现出物志结合，是诗词传统的精华。李门的诗词，深得其中三昧。”首先，其诗作在形式上十分多样化，有七古、乐府、七绝、律诗、汉俳、词、辞赋、自由诗等诗体。这并非无意而为。他在读《革命烈士诗抄》时就特别谈到诗体形式的多样化，并摘引了编者萧三的话："诗的形式可以多样化，也必定是多样化的……"不过，他在强调形式多样的同时也注重"内容和形式是否结合得好"（郭沫若语）。显然，他的诗体选择是以此为标准的。比如题海瑞画像的《赤枣子》二首，读来就颇有斩截之意，而七古《粤海英雄歌》《为郑州黄河碑林作》则汪洋恣肆，痛快淋漓。其次，在语言上明白晓畅，用典不多。有些诗用了今典，在其前后就会有简短的小序或跋语，让大家读后更容易掌握其诗蕴含的内容。即便他壮年坎坷多难，老来作诗也绝无伤春悲秋之语，更多的是昂扬向上之调，读者自可以读其诗而想见其人。

李门和他创作的《黄河之水》

诗如其人，字亦如其人。李门的书法也自成一格。他的书法字体娟秀，神韵飞扬。李英棋说："父亲并无师承哪一家字体，但他在家乡读小学就开始积聚的文字素养，使他一向操笔自然，字形嫣丽、飘逸。父亲这一手字，也多少说明字无常法，形生于心。……几十年来，父亲忙忙碌碌的是戏剧界的'万金油'工作。他并没有闲时、闲情

闲暇时李门喜欢看书读报，增强文学修养

晚年李门常挥毫书写，书法日臻嫣丽、飘逸

研习书法，他的字写得漂亮，完全是字如其人而已，娟秀时娟秀，飞扬时飞扬。”

所谓“诗书画同源，诗品、画品即人品”，深厚的文学素养、人生历练和浩然正气，固然是他作诗写字自成高格的积淀。然而，书法之好并非一蹴而就，勤学苦练当是情理之中。

李门的妹夫、诗人韦丘在《字无常法，形生于心》一文中说：“从李门为他家乡三水芦苞写的《芦苞礼赞》和为郑州黄河碑林所题的诗，那手端端正正的楷书来看，没有深厚的书法功底是写不出来的。”

深厚的书法功底从何而来？若不下苦功夫，应无可能。虽不必磨穿铁砚，墨染池黑，也必须有较长时间的练习。在《遗墨情思——李门诗词书法集》中的“诗词抄注”部分，不仅可见李门在诗词方面所下的功夫，未尝不可以视为其练习书法的一个途径，当然更是在自抒胸臆。因为除了原诗之外，其后还有或长或短的跋语，将自己的所思所想等写出来。这些跋语是李门的识见和感想，虽然不免带有时代的烙印，也正是他毫不作伪的性情体现。而且大字小字，笔笔不苟，均显示出劲健飘逸的神采，毫无颓衰之象。

李门既无意做诗人，亦无意成书家，但其书法诗词却深得朋友的喜欢。不少认识或不认识的人都来信来电来人索取墨宝诗词，以得到为乐事，李门也总是有求必应，并不矜其所有。

李门的书法诗词深得朋友们的喜欢

一门俊秀承家源

李门夫妇为勉励儿女，合作《双英颂》。老庄画，李门题字

李门和老庄婚后恩爱，育有一子四女，即李英棋、李小曼、李小瑛、李小沂、李小桦五人。对于孩子，李门似乎总怀有愧疚。一方面是因为在他们成长的大好年华里，他正被流放到农村、铁矿或牛栏，长达13年的时间，无暇照顾孩子。彼此之间似乎也造成了某种疏离感，李英棋就曾感觉：“我有时觉得父亲很远，和父亲之间有一种难以言状的若即若离。”（《遗墨情思——李门诗词书法集》）

另一方面则是李门各种莫须有的罪名，也间接连累了孩子们，让他们遭受了社会的不公待遇。所幸的是，李门的子女均凭着自己的努力，该读书的读书，该工作的工作，不论岗位高低都是好手。他们并没有因为起点低而掉队，而是通过努力，争取上进。如今都各自成家，不仅育有子女，而且有了

第三代。

“文革”后，李门工作繁忙，儿女也多已成人，但他对子女后代的教育仍不松懈，而且总是以润物细无声的形式进行。综而观之，李门的家教大概有诗教、书教、名教等方式。

李门既看重“诗言志”的功能，也看重诗歌“养人性情”的作用。他颇赞同杜国庠的“持是指持人情性”之说，认为“好诗应能陶冶好的性情，对于诗的态度，应该多多培养香花”。[①]同样在戏剧方面，他也颇为赞赏苏曼殊主张的“戏剧须有补世道人心”，并写七绝《立剧》加以揄扬：“玄瑛不是彼神瑛，跨海行文见不平。岂只断鸿零雁意，倾城无色此书生。”

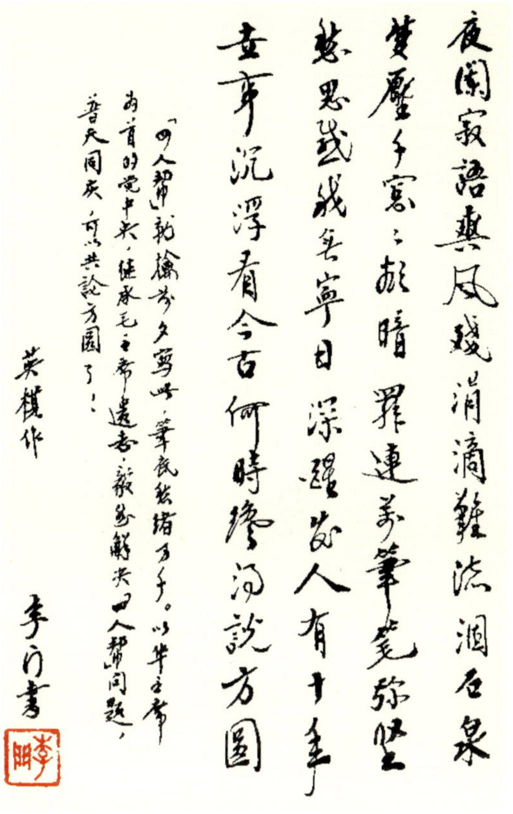

大儿子李英棋作诗，李门书

李门的“诗教”形式多样。改诗以教是其一。长子李英棋曾创作了两首七律送给他看，李门不仅为之纠正了平仄，还把七律工工整整地誊写在宣纸上，裱好后寄回给儿子，让儿子深深“感到人间其他东西不能替代的父子之情”。

作诗以勉是其二。1974年国庆后五日，四女李小沂参加工作后获批入党，李门为之高兴，特地写了一首七律勉励她：“乘风端赖急张帆，采得明珠入海难。成事应知凭众力，登高方觉小群山。毕生苦干惭功鲜，一代新人喜路宽。今日远征开首步，长城不到不

① 见《嘉言美德永难忘——纪念杜国庠同志诞辰一百周年》。

乘風端櫓急張帆　採得明珠入海難
成事應知憑衆力　登高方覺小群山
畢生苦幹慚功鮮　一代新人喜路寬
今日遠征開首步　長城不到不回還

「逆水行船，如上天去。」這是長壽觀點的感覺，其實是凡事都是經過鬥爭才能成功，不敢鬥爭或不想鬥爭都是懦夫懶漢思想。根據這個觀點，我和你三姑丈送你走上工作崗位詩乙首，于你獲批准光榮參黨時贈給你，以作互相勉勵。

致小沂

一九七四年國慶後五日

爸爸

李门为四女儿李小沂获批入党喜作七律以勉

回还。”后面还有一段话“致小沂”：“春水行船，如在天上”，这只是旁观者的感觉，其实凡事都是经过斗争才能成功，不敢斗争或不想斗争，都是懦夫懒汉思想……

抄诗以励是其三。李门曾抄录赵朴初的《胡兰子》一诗，在其后写“刘胡兰同志党性坚强、热爱祖国；斗志昂扬，敌人丧胆，因录赵朴初自度曲一阕以励小沂小桦”等语。在《遗墨情思——李门诗词书法集》中常见有抄录某首诗文后，附志“小桦致力教育革命，因以互勉”等的字样。

有时李门也送书勉励自己的子女。在送给三女李小瑛的《粉墨集》一书扉页上，有这么一段话：“这本小书，是我对戏剧工作的体会的结集，它是一本寻常的东西，但却凝聚着我在党领导下从事微小工作的汗滴，愿小瑛领会这一点，好好地为祖国的四化贡献自己的力量。”那时是1984年岁首。

新年祝语是其四。每年春节团圆饭，一家人济济一堂，李门总会想好几句吉祥语作为“压岁言”送给孩子们，这成了全家过年的一道“特色菜”。比如牛年念的是“各奔前程，各有所成，团结一致，幸福家庭”，虎年念的是“龙的传人，迈步虎年，龙精虎猛，奋勇向前”。

李门的“书教”一是书德之教。李英棋因早年和父亲聚少离多之故，在书法方面受父亲影响不多，曾被他严厉批评过。父亲对他说：“写好字是一种修养。”“不要写见不得人的字，不要做见不得人的事。”这些训斥，让他从此认真练字，一生受用。二是书风之教。李英棋说：“父亲写字很随意，很节约。普通用的纸，学生用的墨汁，完全没有名贵的文房四宝。我亲见父亲隆而重之地铺开宣纸写字只有一次：那是几年前家乡三水芦苞要建一个镇徽。父亲为此写了一首《芦苞礼赞》。当时父亲刚巧因病住院，为了把《芦苞礼赞》书写下来，父亲在医院的拼桌上，用颤抖的手，分好几次才书写完。他用心血写下了《芦苞礼赞》，献给他最记挂的家乡人民。”

李英棋在《遗墨情思——李门诗词书法集》序里说：“父亲遗留下来的东西不多。文章什锦不算多，诗词歌赋不算多，字迹手稿也不算多，但我感到父亲的笔迹是那么亲近，如同听见他的声音，见到他的笑容。”这正是教化的力量之所在。

李门为孙女起名克兰，寄托其克服困难创造幸福的美好愿望

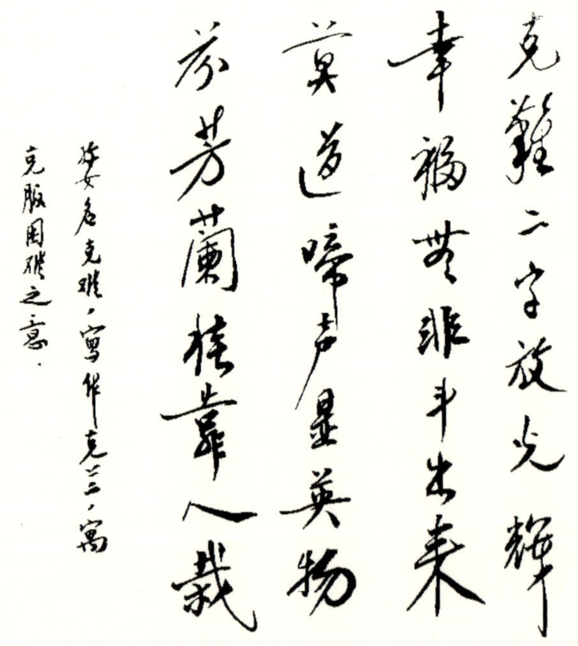

李门在世时的最后一张全家福

李门的“名”教，主要体现在对孩子的起名上。名字往往寄托着父母的美好愿望或特殊纪念。比如，李小瑛、李小沂应是承继用了李瑛、张沂的化名，是李门夫妇用以表达对过去革命年代的记忆。而孙女李克兰的名字是李门作为爷爷的美好愿望，“孙女名克难，写作克兰，寓克服困难之意”，他还专门赋诗一首：“克难二字放光辉，幸福无非斗出来。莫道啼声显英物，芬芳兰桂靠人栽。”

若按古代的克绍箕裘来看，则李门的后代继承其戏剧艺术修为从事戏剧工作的可说没有一人。或许五个孩子生长于艰苦的环境

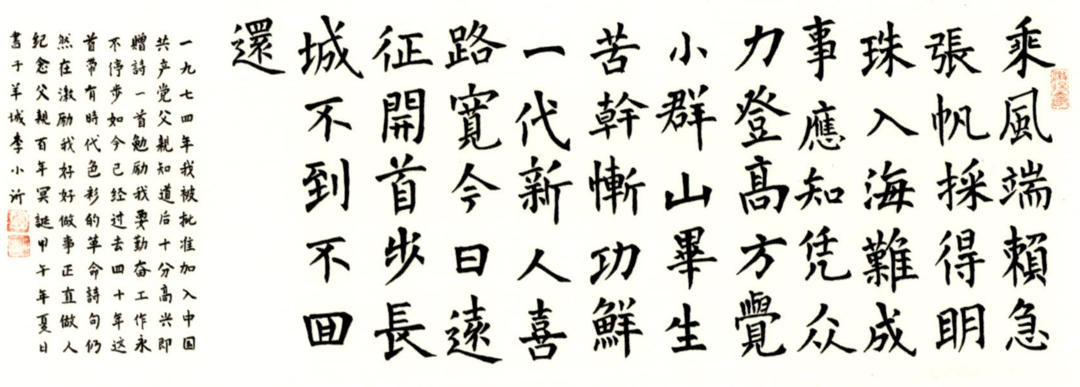

四女儿李小沂抄写父亲的赠诗，表达对父亲百年诞辰的纪念

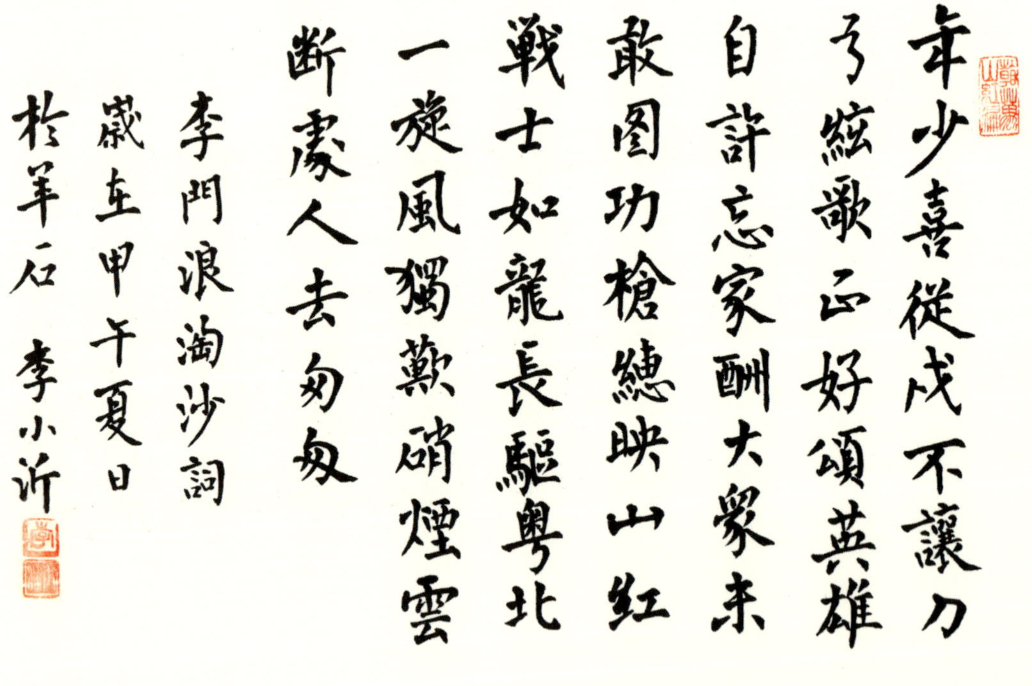

四女儿李小沂抄写父亲的《浪淘沙》

外孙女温岚的作品《巴黎印象》

中，亲见父亲的受苦，终于与戏剧渐行渐远。然而，时至今日，他们在社会的各行各业各个领域都有建树，而且他们的子女都与时俱进，在时尚、艺术等方面都做出了很好的成绩，他们以另一种形式承继着李门的品性，发扬着李门的精神，逐渐开枝散叶、枝繁叶茂。这应该是对泉下的李门最好的告慰。

五女儿李小桦创作的布上油画《盼，天路》

2014年8月老庄95岁生日全家合影

老庄94岁生日与
五个子女在一起

老庄和四个女儿在一起（右起：李小曼、李小瑛、李小桦、李小沂）

孙女李韵

老庄与三个曾孙

老庄和大儿子李英棋一家

老庄和二女儿李小曼一家

老庄和三女儿李小瑛一家

老庄和四女儿李小沂一家

老庄和五女儿李小桦一家

大儿子李英棋一家

从右到左：李英棋、孔霭、李韵、李克兰

二女儿李小曼一家

曾外孙蔡知融认真地看着太婆写字

从右到左：蔡树标、蔡晖、蔡知融、张希蔚、李小曼

李小曼的儿子蔡晖与媳妇张希蔚2013年摄于香港建筑师学会颁奖礼

儿子蔡晖与儿媳张希蔚毕业于香港中文大学建筑系，现为香港注册建筑师，于2009年开创建筑事务所NOMAD OFFICE ARCHITECTS，2011年合伙汇创国际建筑事务所，作品分布香港及中国内地各大城市，并屡获国内外设计奖项。

三女儿李小瑛一家

右到左：姚志武、姚宇谦、姚思东

李小瑛现在的兴趣是学弹钢琴

从小培养姚宇谦对文坛名人的崇敬

四女儿李小沂一家

朱小丹和外孙女谢珈鏸

从右到左：李小沂、朱果果（怀抱谢珈鏸）、朱小丹。后排：谢向

五女儿李小桦一家

李小桦夫妇与老庄在家乡三水留影

从右到左：梁浩、温岚、老庄、李小桦、温展大

百岁追思

薪火相传忆李门

□ 何铭思

何铭思

李门离开我们已经14年了，这14年来，我时时思念着您。我这个“香港仔”，抗战期间就是跟着您走过了韶关、新丰、翁源、南雄、乐昌、仁化，跟着您和其他哥哥姐姐学习而逐渐懂事，逐渐知道做人的道理。这几十年我就是跟着您，以您为楷模。

锋社成立是在中华民族危急存亡之秋，日军侵占东三省，“九一八”这惨痛的日子是刻骨铭心的。每年锋社在9月18日都有聚会，数十年如一日。可2000年的“九一八”，却是我们集合在一起悼念您，我不能说已经看透生死，但您的离开还是使我不容易接受。

您是香港“番书仔”，在著名的圣约瑟书院毕业，本来准备升读香港大学，但您却要回内地读燕塘军校，立志保家卫国。后来当兵不成转搞文艺，在文艺这个领域一辈子。您做过舞台杂工、编导、配角、主角、粤剧、话剧、广播剧配音员、戏剧理论研究……范围之广，才艺出众，几乎每样都有创造，有成绩。1938年您在广州演出《黄花岗》多幕长剧，轰动全市。参加筹备和演出的知名人士有夏衍、周钢鸣、司马文森、郁风、卢敦、赵如琳、胡春冰。您在韶关、桂林演出过《天国春秋》《蜕变》《忠王李秀成》，您担任的主角极受欢迎。您在战地编短剧、创作歌曲，活跃部队文化，给乡村带来色彩斑斓的文化生活，像初春开耕那样播下文化的种子。您性格耿直，广州解放之初，您响应“大鸣大放”的号召，提出要改善共产党和人民的关系，以后又为《山东响马》鸣不平，不仅被撤了省文化局副局长之职，还去海南岛接受改造。您不在乎官位，但对被批评的不实之词很上心，长期情绪不安。您对战友很关心。罗中是美术家，他率领伪军起义投奔东江纵队，在奇心洞牺牲了几十个战友，这段经过很难说得清楚，这段历史劫数难逃。解放后罗中被遣送回乡务农，不幸在一场车祸中丧生。一直以来，您对他关怀备至。有人对张文有微词，您不避嫌疑保护他，给他安排工作。您对其他人的关心照顾更不用说了，我这个香港仔就是在您的言行影响下学习做人的道理。

病逝前您的健康明显变坏，讲话都有气无力，但在锋社、中原剧艺社的集会上，您一站出来便是另一个人，举手投足都有戏味。您表演白榄剧《夫妻识字》，那神情还像五十年前在香港湾仔摩托车工会天台那样，音韵铿锵，一字不误，神气十足，使整个场面热闹起来。又有一次听您唱粤曲，我们奇怪您竟然中气充足，我后悔当时没能录下这些活动。您一生忠于艺术，在艺术活动中，您完全是忘我的。林榆说：“李门是戏痴。”

您走了，您用生命点燃的火把没有熄灭，不仅在我们这些老友中仍旧发射光和热，薪火相传，您的精神会一代一代传下去的。您应该感到安慰的是，我们的民族已不是四分五裂，不是拿红缨枪、木棍、“大刀向鬼子头上砍去”对抗侵略者飞机大炮的时代，我们的国家已完全有力量保卫自己的国土。国家的改革开放、国家的经济建设、国家的现代化，使我们可以平等地立足于世界民族之林。李门，您可以安息了！

忆旧游·为李门同志百岁诞辰作

正卢沟怒火，结伴从戎，抗敌宣传。
未了兴亡债，乍飘然隐闭，秘结群缘。
舞台愤燃烽火，敌忾遍山川。
剧艺为人民，战歌激荡，渗入心田。

忆当年桂林展，震撼大西南，誉赞南天。
巧遂东纵志，更香江剧运，风卷云烟。
睿思红棉春梦，撰写海瑞芸篇。
悼百岁英魂，青松郁郁漫碧天。

甲午马年　莫广智

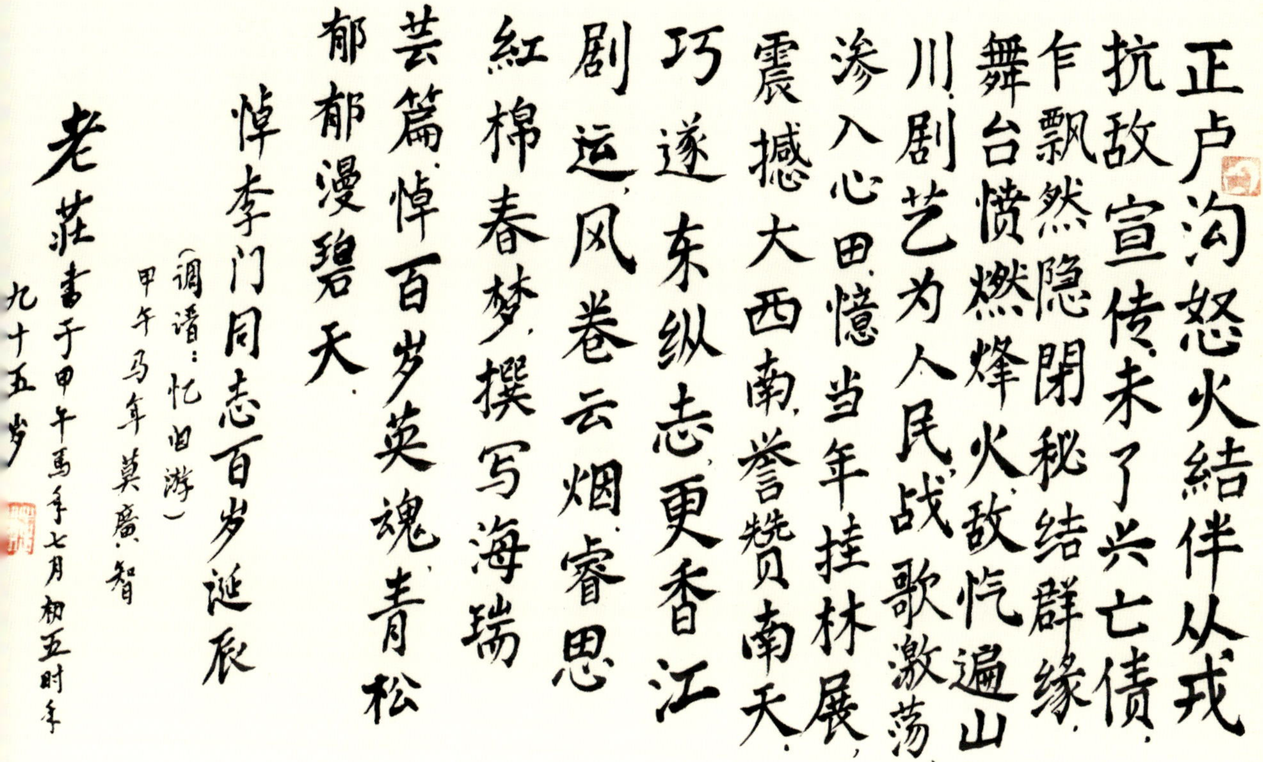
正卢沟怒火結伴从戎
抗敌宣传未了兴亡债
乍飘然隐閉秘结群缘
舞台愤燃烽火敌忾遍山
川剧艺为人民战歌激荡
渗入心田忆当年桂林展
震撼大西南誉赞南天
巧遂东纵志更香江
剧运风卷云烟睿思
紅棉春梦撰写海瑞
芸篇悼百岁英魂青松
郁郁漫碧天
悼李门同志百岁诞辰
（调谱：忆旧游）
甲午马年莫广智
老莊书于甲午马年七月初五时年九十五岁

莫广智为李门百岁诞辰作《忆旧游》。图为时年95岁的老庄所书

悼念忠诚的戏剧赤子李门

□林　榆

著名粤剧艺术家林榆

我与李门同志虽然神交已久，但一起共事是在1946年的香港中原剧艺社。那时剧社很穷，没有驻地，后来借到一层没有人住的烂楼，周围很脏，在清理到一个臭气熏天的便桶时，大家都走开了，没有人敢去碰它。只见李门若无其事地走过去，展开双臂，独自把便桶扛走。那时李门的公开身份是《华商报》记者，党内职务是中共中央香港分局文委分支部委员、中原剧艺社党支部书记。他扛去便桶这一动作虽小，时间也很短暂，但给我留下一个永远不能磨灭的印象：那就是不计较、不怕脏、不怕苦，见困难就上的好作风。

有些人地位越高，架子越大，越脱离群众；也有一些人不论处在多高的领导岗位上也一样的谦虚谨慎，平易近人，深受群众的拥护和爱戴。李门与群众关系密切，深受群众欢迎，这种事例随处可见。

1949年10月解放广州，李门作为政委率领几百人的庞大的华南文工团入城。第一次在广州市人民政府礼堂演出，李门也上台演唱名叫《夫妻识字》的节目。他一开腔，台下就有人高呼："李门好

李门与林榆（右二）合影

嘢！”台上台下一下子便热闹起来。为什么呢？因为《夫妻识字》是李门在香港工作时经常演出、自编自唱、深受工人和广大观众欢迎的节目。这次在市府礼堂演出，正是招待从香港归来参加国家建设的工人，因此反应特别热烈。

无独有偶。事隔半个世纪之后，即1997年6月8日，原香港文化教育艺术团体的成员共一千多人在广州中国大酒店举行庆祝香港回归联欢大会上，李门又上台表演。当节目主持人宣布李门表演《夫妻识字》的时候，全场轰动。这时他已是83岁高龄而且是个带病的人。他往舞台上一站，不仅吸引了所有人的视线，还牵动了不少人的心。有人担心他是否还有气力演唱，是否还记得词曲，演出结果证明，同志们的担心是多余的。他表演得很流畅，很有情趣，几十句“数白榄”一字不漏，一气呵成，节目当然赢得满堂喝彩。这喝彩声很不一般，像是出自一群要好的朋友，显得特别欢快、融洽和亲切。从《夫妻识字》这两次表演中，我们深深感到李门群众关系的深度和广度。

李门常称自己是个戏剧兵。是的，他热爱戏剧，把戏剧作为终生事业，并为之奋斗一生。他在抗日战争之前青年时代就参加广州的话剧活动，加入锋社，演出了《回春之曲》《我们的故乡》《雷雨》《自由魂》等名剧。1938年广州沦陷以后，他撤退到粤北，参加第七战区政治大队演出《蜕变》《草木皆兵》《军民进行曲》等现代话剧。日本投降后，国民党反动派为了抢夺抗战胜利果实，实行反共民主，这时，他撤到香港组织了中原剧艺社，献演《升官图》《阿Q正传》《双喜临门》以及《白毛女》等戏。在这众多的演出中他既担任主角，有时也当配角，是话剧的著名小生，又是剧团和剧目的领导人和策划者。有一条红线贯串他的各个时期，那就是共产党的领导，这一点保证了他的人生、事业、精神和艺术的正确航向。但是，他长期活动在白区，在国民党统治下，经历多少风云变幻、惊涛骇浪。为之灭顶的、为之淘汰的人难道还少吗？李门也必然遇到不少艰难险阻。他的戏被一纸公文禁止了，在抗日后方他被通缉了，在粤北抗击日寇中传他战死了。然而他终于挺过来了，文化艺术界特别是我们南方的老剧人，像李门那样一直把红旗举到底的能有几人？

新中国成立后，他担任广东省文化局副局长、广东省戏剧家协会主席等领导职务，再没有可能参加话剧演出当演员了。但他把爱好和精力转到全面推动戏剧和地方戏曲的发展上面。

他看了很多戏，参加了许多座谈会，与大家共同商讨改进提高的办法。他写了不少文章和诗词为繁荣戏剧擂鼓助阵。他不遗余力地歌颂话剧《特区人》《天边有簇圣火》的演出。他咏叹粤剧《魂牵珠玑巷》：“台上梦萦情绕，台下荡气回肠。”他赞《伦文叙传奇》：“红豆谁言无亮色，居然一剧动京华。”对潮剧《张春郎削发》，对汉剧《秦香莲》，对正字戏等剧种都有评价。他发表过相当数量的戏曲改革和评论文章，集合出版了《粉墨集》《剧坛风雨》《舞台内外》。一直笔耕不止的他，在广州举行纪念中国话剧诞生90周年活动时，已84岁了，还写了17000字的纪念文章并在会上做了热情洋溢的发言。直到逝世前一个月他还为马师曾大师百年诞辰写了纪念的诗篇。李门为戏剧艺术，为党的文艺事业勤奋了一生，鞠躬尽瘁，死而后已。

李门同志，你是无愧此生的，你的真诚自始至终是不朽的。

《遗墨情思》的情思

□ 李英棋

李英棋与母亲老庄在一起

在父亲去世一周年的2001年，我们编撰了李门诗词书法集《遗墨情思——李门诗词书法集》，以寄托我们的怀念之情。转眼间13年过去了，今年是父亲辞世14周年，也是冥诞一百周年。

今年初，就想着如何纪念父亲百年冥诞，我又拿起了当年的纪念册《遗墨情思》逐页地细细品阅。我重阅自己写的纪念文章、与纪念册同名的《遗墨情思》，心绪回到了五六十年前、“文革”发生的前后十年。

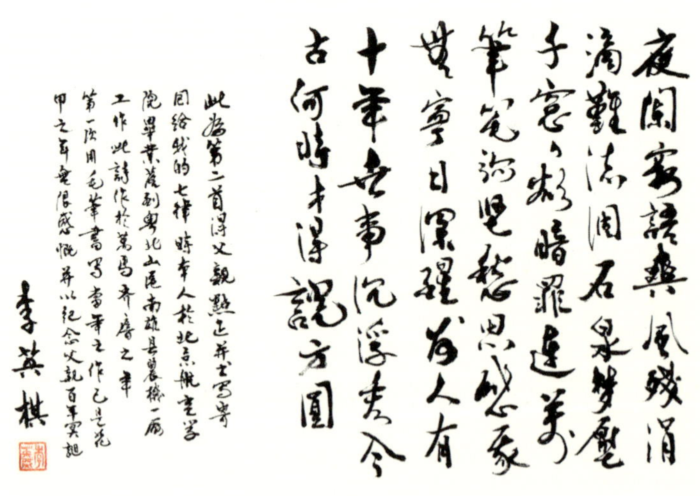

已是花甲之年的李英棋抄录经父亲点正的七律，以纪念父亲百年冥诞

那时，我曾写过两首《七律》，一首是“文革”前在北京求学时写的学校墙报诗，一首是大学毕业参加工作后私底下写的“地下诗”。打倒“四人帮”后，我把两首诗都寄给了父亲，请他指教。父亲认真阅读了我的两首诗，并在平仄上做了修改，还亲自用毛笔书写好寄回给我。

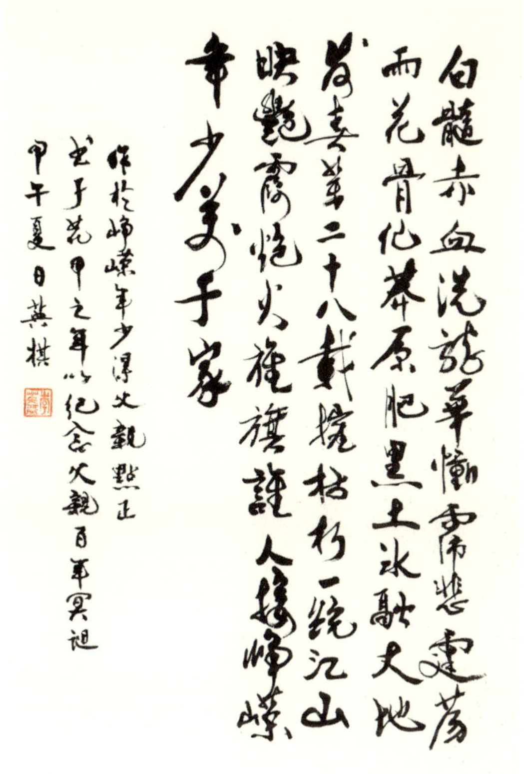

李英棋峥嵘年少时所作七律得父亲点正，感怀于心

父亲辞世后，我常常想我没有哪样东西继承了父亲的人生事业。本来小时候我觉得自己也有些艺术细胞，喜欢画画，曾立志考美术学院，但被老师劝阻，觉得我应该考更好的大学。当年搞艺术是一般人看不上眼的，老师大概觉得我考美院浪费了。后来，我考上了北京航空学院，与科研沾上了边，却与父亲所从事和服务的事业渐行渐远了。在《遗墨情思》里我写道：“说来惭愧，我没有受到父亲书法的熏陶，甚至没有写过毛笔字。”但是因为父亲批评过我的字写得差，对我说过：“写好字是一种修养，不要写见不得人的字，不要做见不得人的事。”所以我毕竟曾经认真地练过钢笔字帖。

因为老四小沂不厌其烦地劝我学写毛笔

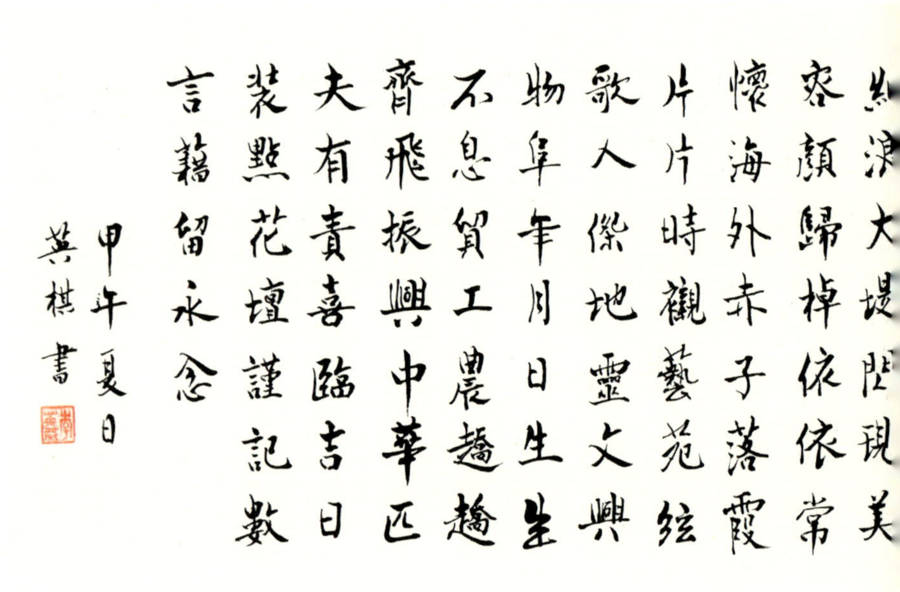

李英棋抄录父亲的《芦苞礼赞》

字，她自己也正在练写毛笔字，再加上老母亲95岁高龄还每天写毛笔字，最后在如何纪念父亲百年冥诞的方式上，我终于决心学习父亲写毛笔字，哪怕就为了继承父亲人生事业上的一点点。我的最初想法就是书写父亲的《黄河颂》和《芦苞礼赞》。

在书写完《黄河颂》和《芦苞礼赞》之后，我对父亲曾为我的两首诗而留下的墨迹沉思良久，于是我对自己这两首写于“峥嵘年少、求学之年”和刚踏上工作道路不久当属年轻的我的“作品”，第一次用毛笔书写了下来。当然，令我感慨的是，现在的我已早过花甲之年了！

俱往矣，父亲的遗墨使我们感觉到他仍然生活在我们大家庭之中。今天，我也留下点墨迹给我们的后人做纪念吧。

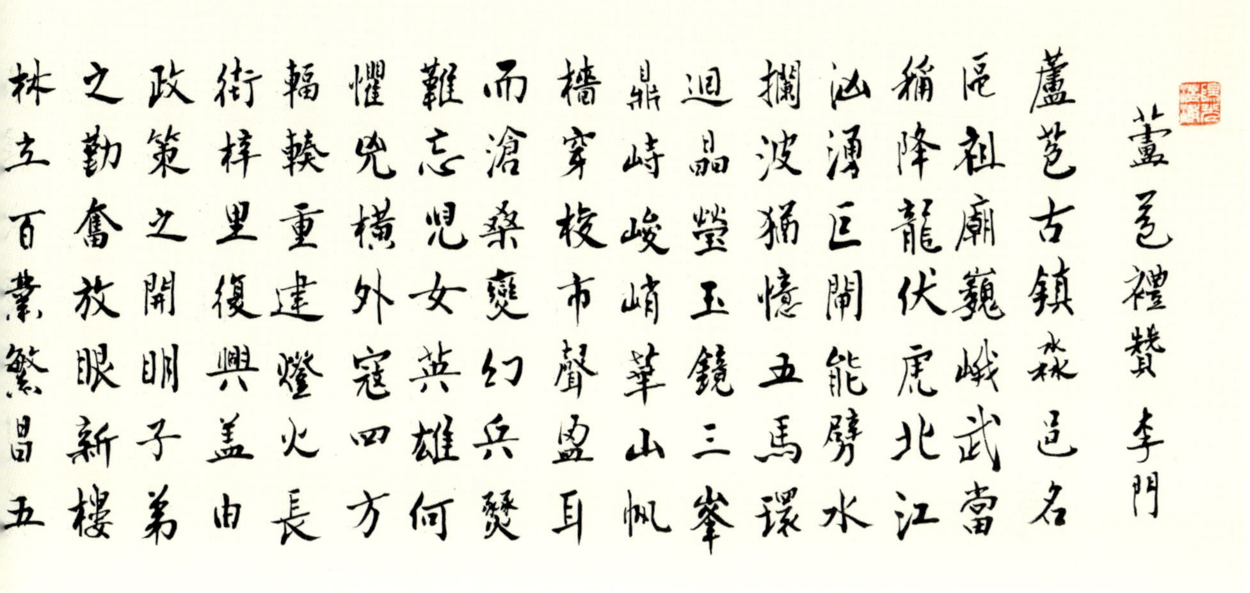

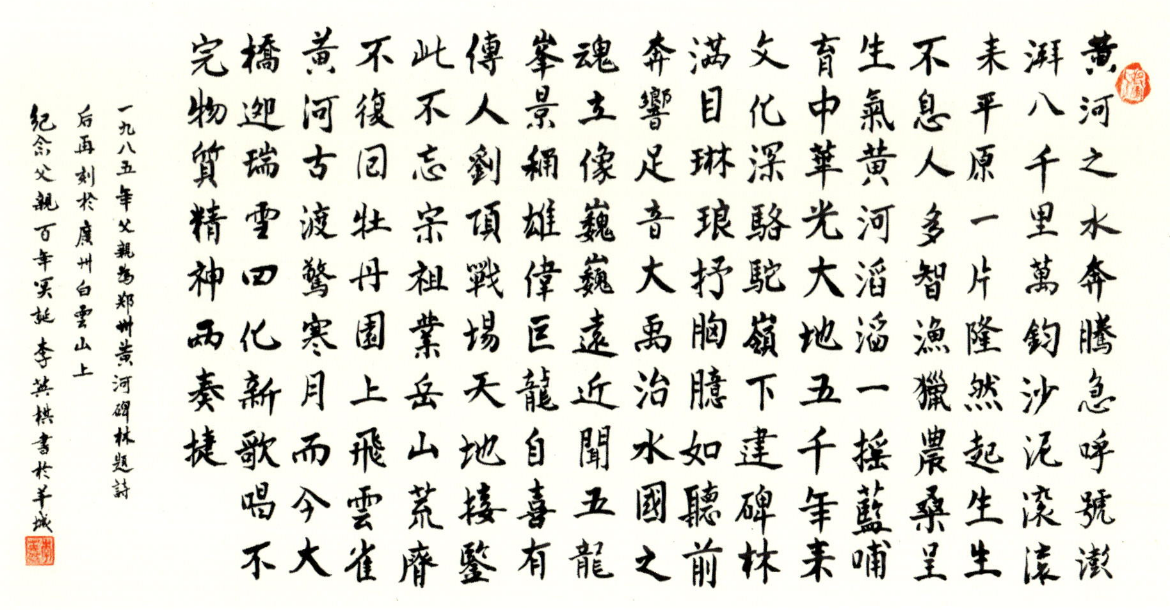

李英棋抄录父亲的《黄河颂》

遗墨情思

□ 李英棋

《遗墨情思——李门诗词书法集》书影

父亲辞世已一年了，在整理他的遗物时，我发现几本毛笔字手稿，有父亲的故旧看了之后，赞其字体娟秀，神韵飞扬。在父亲的遗墨中，一首我所作的七律跃然跳入眼中，立时一阵戚然。当时我刚从大学毕业，分配到粤北山区的农机厂，以为可以摆脱“文革”的梦魇，呼吸上几口新鲜空气。一时心血来潮，便写下这首七律。因平仄不整，寄给父亲修改。那时父亲还在五七干校，他不仅给我纠正了平仄，还工工整整地把这首七律誊写在宣纸上，裱好后寄回给我。手捧父亲的字，直感父亲因我终于踏上生活道路而产生的喜悦。我尚在小学念书，父亲就被下放农村、矿山，一去经年。后来我寄宿在校，又上京求学，自此聚少离多，加上“文革”冲击，家庭离散，天各一方。我有时觉得父亲很远，和父亲之间有一种难以言状的若即若离，父亲在书写我的诗时流露的这种喜悦，使我感到人间其他东西不能替代的父子之情。

父亲留下的这几本手稿，有的是抄录历代文人雅士的诗词文章，有的是“文革”后重新工作时的诗词作品或即兴泼墨。父亲并无师承哪一家字体，但他在家乡读小学就开始积聚的文字素养，使他一向操笔自然。字形嫣丽、飘逸。父亲这一手字，也多少说明字无常法，形生于心。

说来惭愧，我没有受到父亲书法的熏陶，甚至没有写过毛笔字，也许是和父亲聚少离多之故。我记得很清楚的是，父亲严厉批评过我的字写得很差。父亲对我说："写好字是一种修养。"这使我下了决心，借来一本钢笔字帖，认认真真练起字来。"不要写见不得人的字，不要做见不得人的事。"一个训斥，一生受用。

父亲写字很随意，很节约。普通用的纸，学生用的墨汁，完全没有名贵的文房四宝。我亲见父亲隆而重之地铺开宣纸写字只有一次：那是几年前家乡三水芦苞要建一个镇徽。父亲为此写了一首《芦苞礼赞》。当时父亲刚巧因病住院，为了把《芦苞礼赞》书写下来，父亲在医院的拼桌上，用颤抖的手，分好几次才书写完。他用心血写下了《芦苞礼赞》，献给他最记挂的家乡人民。

几十年来，父亲忙忙碌碌的是戏剧界的"万金油"工作。他并没有闲时、闲情研习书法，他的字写得漂亮，完全是字如其人而已，娟秀时娟秀，飞扬时飞扬。

父亲遗留下来的东西不多。文章什锦不算多，诗词歌赋不算多，字迹手稿也不算多，但我感到父亲的笔迹是那么亲近，如同听见他的声音，见到他的笑容。如果大家喜爱的话，我们就以此作为一点纪念，送给怀念我父亲的友人们。

（本文撰于2001年，李门逝世一周年）

写在爸爸百岁诞辰之际

□ 李小瑛

李门夫妇和三女小瑛、女婿姚志武浏览云台公园

一百年，人生的长河往往载不住这一百年。我的爸爸亦一样，他在86岁的时候与世长辞，与他的妈妈、我们的奶奶同岁。

爸爸去世14年来，一直活在我们心中，他的铜塑像摆在客厅最显眼的地方，每天，我们都给他上香，让淡香缠绕着他微笑的脸庞。看着爸爸的铜像，我每天都跟爸爸谈一会儿话，爸爸的音容笑貌、在世时的点点滴滴，丝丝入扣，浸入心田。

爸爸是个工作狂，在我的印象中，他的快乐全部来自工作。虽然他有我们五个孩子，还有老母亲要照顾，但他的精力全部倾注在工作上，五个孩子则交给老母亲看管。一直以来，奶奶在我们的心目中要比父母亲切。直到奶奶病逝，父母形象才从此开始占据我们的心。在爸爸百年诞辰之际，尽我们的回忆，写下点点滴滴的往事，以此纪念我们敬仰的父亲。

回海南寻找父母当年的足迹

2010年，我和姐姐小曼以及一班朋友重返海南，探望我们曾在海南度过青春岁月的地方。除此以外，儿童时代我和小曼也在海南度过了半年。那是因为在风云际会的年代，我们跟随下放到海南石碌铁矿的父母，在这里伴随他们度过了一段难忘的岁月。车到石碌，我的心涌起一阵波澜，整整50年了，儿时的一幕依然那么清

李小瑛和李小曼到海南寻找父亲李门生活过的地方

这条小溪曾是李门当年下放劳动的地方

晰、亲切。之前曾有路过石碌的机会，但始终无法回访儿时住过的地方，这次无论如何要走一趟。一同前往的还有黎服兵等人，服兵和我们同是华南师范学院附中的学生，当年一齐到海南当知青。后来他有幸在海南师范专科学校读书，毕业分配竟然在我爸爸当年下放的石碌铁矿子弟学校当教师。

都是有缘人，结伴好还乡。都说近乡情怯，我们激动之余更多的是好奇还有那种神秘感。想当年，我们才十岁出头，正是玩兴大发的年纪，大人心中的愁苦与我们一点关系都没有。从满眼楼房的广州来到满眼翠绿的石碌，清澈的小溪有田螺、小蟛蜞，宽大的石碌河里有着各种形状大小不等的石头，石头缝中长着各种没见过的植物，时不时有鱼儿跃出水面，还有那结满椰子高高的椰子树以及脸上文着花纹的黎族妇女……石碌在我们眼中是一片神奇的土地，那里留下了多少我们欢乐的儿时记忆。寻找父辈留下的痕迹同时寻找我们自己的童年记忆，这里面就有极大的诱惑力。

我们的汽车在未竣工的公路上迂回穿插，漫天尘土一点没有减低我们探访学校的兴致。毕竟多年过去，石碌早已面目全非，原先的世外桃源现在已俨然一座现代化新城。费了好大劲，终于找到学校大门，一点当年的影子都没有了。不管怎样，先来张留影再说。学校已经放假，只有值班室有人在看门口，差点不让我们进，说明来意又说找某某人才得以进内。赶快寻找哪怕有一点儿的相同处，学校早已鸟枪换炮，想找回50年前的模样，连影子都没有了。还存在的是那条小溪，也从清清的潺潺流水变得混浊了，小螺、小蟛蜞是没有了，只要小溪还在就好，当年的景象一幕幕浮现眼前。

2010年9月，小曼、小瑛在海南铁钢公司技工学校门前留影（李门曾在此校当老师）

1959年，爸爸因为对粤剧《山东响马》的争论差点沦为右派，被下放四会农村劳动改造，后接着到海南石碌铁矿继续劳动改造。铁矿领导很重视这个难得的文化人，很快调爸爸到铁矿职工技术学校当教师，居然让这个“漏网右派”上政治时事课。后来，为纪念海南岛解放十周年，领导又派爸爸创作琼剧《海瑞回朝》。这段时间，我都在爸爸身边，我也曾跟着爸爸在海口瞻仰海瑞墓以及海瑞在海南活动的蛛丝马迹。爸爸对我说：“海瑞是个好官，他清正廉明、刚正不阿，为老百姓做了许多好事，被人称为‘海青天’，我们做人，就要做海瑞这样正直的人。”在墓园左侧小巷，有海瑞取水用井，我们还吊了一点水上来洗手。除了瞻仰海瑞墓，爸爸还带我一起去寻找琼台书院，粤剧《搜书院》就出自这里的故事。当年由马师曾饰演谢宝老师，红线女饰演翠莲的《搜书院》，1956年由爸爸率团上京会演，获得了很高的荣誉。我记得小时候，常跟着爸

爸到剧团排演厅看马师曾、红线女排演《搜书院》，每次观演后，爸爸都会提出不少建议，甚至对头饰、服装，他都有中肯的意见。

《海瑞回朝》倾注了爸爸很大的感情和精力，当时他以“戴罪之身”去完成这光荣的任务，自是十分感激组织对他的信任与委托。他离家数月，在海口安下了临时的住所，每天查资料，走访地方志，那时没有互联网，一切得靠双腿去获得所要的材料，靠自身的感悟去完成一个古人的感人故事。爸爸不会说海南话，怎样使琼剧中的对白押韵，唱腔上口，还得请教当地人以及下一番功夫。《海瑞回朝》终于上演成功，海南人的骄傲——海瑞作为戏剧人物登上了舞台，这是值得庆幸的一件事。

然而，《海瑞回朝》在“文革”中受到了莫须有的攻击，爸爸和海瑞一样成为倒霉的人。1965年11月，姚文元《评新编历史剧〈海瑞罢官〉》成为“文化大革命”的导火索，清官海瑞变成了十恶不赦的罪人。海瑞墓被人扒土掘坟，几绺头发、几颗牙齿、几根残骨被挖出装进一个盒子里游街示众，在海口市中心广场焚烧扬灰，最后灰飞烟灭。爸爸同样倒霉，“文革”刚开始就因为创作了《海瑞回朝》而被《南方日报》头版整版搬上了批判的历史舞台，一个死不改悔的走资派就此诞生。我们自然也成了黑七类子女，过上低下头的生活。

今天的海瑞墓真不得了，政府投资千万元，扩大范围，亭台楼阁、假山鱼池，美丽非常，可惜这个国家级重点文物保护单位是个空坟，只能说留下的是海瑞的精神。

海瑞墓

“文革”后，杨之光送给爸爸一幅海瑞画像，画上的海瑞颇有爸爸的神韵，清瘦的脸庞，神采飞扬的眼神……我总觉得这就是爸爸的画像。爸爸在画上用毛笔写了自己创作的一首诗：“龙角截，虎牙敲，红袍绣带劲风飘。一代清官非寂寞，氍毹处处响银箫。伤逝水，迓来潮，江山研彩画多娇。彭大将军如姓海，万民引领盼回朝！”这是爸爸对《海瑞回朝》平反的欢呼声。

回到现实中的石碌铁矿职工技术学校（现改名为“海南钢铁公司技工学校”），爸爸当年讲课的大礼堂不见了，那是个用竹木搭起来的大棚子，可以坐好几百人。爸爸每次上课都是几百个学生一齐听的大课，我经常好奇也去听爸爸讲课。爸爸的课很受欢迎，礼堂坐得满满的，学生们在我当时的眼里都是大人，他们对爸爸的课很感兴趣，不时发出掌声或笑声。我听不懂爸爸在讲什么，但从学

大家都说石壁上有李门的灵魂

生热烈的反应中，我对爸爸十分佩服，充满了自豪。

见到一排宿舍，有点像当时的宿舍，一间房配上旁边的小伙房。我和小曼赶快与这些宿舍合照。想当年我们和父母四人住在这一间小房子内，没有洗澡房没有厕所，小伙房也没有什么好煮，我们就用来当洗澡房用，没有柴火烧热水，便去学校的大澡房。有时，我们会随着邻居的小孩一起进山打柴，几根木柴捆成一小把，拿回家累得够呛。

在学校附近一座山上，我们在山涧石壁上看见一幅貌似岩画的石壁画，其实是石壁的裂缝。大家惊叫起来，说这幅画上的人像极了我们的爸爸，戴着眼镜的知识分子，也是清瘦的脸庞，眼睛还流着泪。我们把它当成爸爸的精灵附体，大呼小叫着合影。时过境迁，即使爸爸当年是因莫须有的罪名来到海南，又在海南惹上令人啼笑皆非、莫名其妙的大罪，但我们从来不觉得父母的一生有多么悲惨，他们总是笑对人生。

爸爸属虎，妈妈属羊，本来羊入虎口，有去没回。但是体现在他们身上却是最佳夫唱妇随的典范，我们从来没见他们红过脸，更别说吵架之类。妈妈对爸爸极其仰慕，爸爸对妈妈极其尊重，在我们眼中，他们就是神仙伴侣。认识他们的人，都对我们说："真是羡慕你们的父母感情这么好。"确实，无论是烽火连天的抗日战场，或是解放后下放到四会当农民，还是在海南铁矿上值夜班，插秧、挑谷、犁田，巡夜，他们都是公不离婆，自始至终相伴终生。他们从来不自怨自艾，从来不认为自己遇到了什么天大的委屈。父母温柔淡定的性情感染了我们，令我们都学会了低调做人，坚强做事。

作为父母落难时期的陪伴者，我们自有一番心得在心头。

荒诞岁月中的愧疚之心

"文革"如何使一个正常人变成畸形人，想必大家都有体会。因为突然之间成为"牛鬼蛇神"，而被子女宣布断绝父子或父女关系的事例，当时普遍得很；更惨的是因为自己的落难不想连累家人或感到痛不欲生而走上绝路的人，"文革"中也比比皆是。幸而这种悲惨的事情没有发生在我们身上，但在我们十来岁的头脑中，也疯狂地认为革命就是要在自己身上开刀。这把刀，砍向亲人身上是最英雄的行为。

我15岁那年，爸爸52岁，正是"文革"风声鹤唳的时候。家门口不时有押着"牛鬼蛇神"游街的队伍经过，"打倒走资派"的口号声此起彼伏。

此时的我在学校也如“过街老鼠”，不时被红卫兵喊到操场上训话。谁叫爸爸在“文革”一开始的时候就被《南方日报》用整版的篇幅批了个透，就因为他写过琼剧《海瑞回朝》，与吴晗的《海瑞罢官》一南一北呼应着“反党”。班上玩在一起的同学不再搭理我，原来的好朋友甚至喊我“狗崽子”。我对爸爸从原来的尊敬变成了埋怨，甚至想如果他早年牺牲了多好啊，那我就是烈士子女了（也不想想爸爸牺牲了也就没我了）。

在高涨的“革命情绪”促使下，我们大院一群小孩决定开批斗会，批斗我们的爸爸。我们所住的院子在大沙头，是当时省委为一些高级知识分子专门修建的。大院里住着肖殷、李门、韦丘、于逢、曾炜等文化人，还有林小群、刘美卿、卢启光等粤剧名伶。

李门20世纪70年代在广州大沙头宅院内

“文化大革命”既然是大革文化的命，那这些文化人理所当然就成了“牛鬼蛇神”。虽然在别人的眼里我们都是“小牛鬼蛇神”，但我们觉得自己是要革命的，依然是革命的接班人。批斗自己的爸爸，就是我们最要求革命的表现。

参加批斗会的小孩有十多人，从十五六岁到五六岁，全是这些文化人的孩子。表哥黎服兵和我态度最坚决，年纪也稍大，于是成了这班孩子当然的带头人。我们让各位小朋友回家告诉自己的爸爸，老实在家待着，等我们一家家去批臭斗垮。

我家在一楼，批斗会先从我家开始。批斗会前，我和姐姐制作了一些三角形的标语座摆放在各张桌子上，上面抄着当时流行的最高指示。爸爸以为我们要做高帽让他戴着去游街，忧心忡忡又不好说反对的话。之前，都是爸爸教育我们该做什么不该做什么。现在，他被剥夺了教育子女的权利，我们也不再听他灌输“封资修”那一套，爸爸心里那个憋屈只能往肚里吞。

一群孩子把我爸爸围在了中间，批斗会开始了，我们要爸爸交代问题，问他为什么要反党，为什么要写《海瑞回朝》。爸爸本来就是个儒雅书生，他像对待群众一样认真地回答我们的问题，详细汇报他这段时间的思想状况，检讨自己的不足之处，但坚决否认反党。看着爸爸真诚的模样，听着他的交代，我心里很不是滋味，我多么希望爸爸不是反党分子啊，再说怎么看他都不像反党分子啊。爸爸曾经说过：“共产党员最高的党性就是讲真话。”我相信他说的都是真话，但我们又有什么办法呢？爸爸并不会因为我们的信任而减轻哪怕一丁点罪行，我依然是一个人见人避的“黑七类”子女。后来，我们说了一些要认真改造之类的废话，结束了对爸爸的批斗。其实那时候，爸爸对他连累了家人感到很无奈、很难过。自己受罪也就算了，天真的孩子们懂什么呢？他们哪里知道什么叫革命，什么叫反革命。自己追随共产党几十年，从小怀抱救国志，从来不把个人利益放心上，在“文革”中竟然成了过街老鼠，别说尊严，连活着都得有信念在支撑。一个慈祥、受到子女尊敬的爸爸，此时却要向子女证明自己的清白。这无妄之灾是怎么一回事，当时有谁说得清。

之后我们到了二楼表哥的家批斗他的爸爸韦丘。韦丘是我姑夫，当年跟着我爸爸参加东江纵队，跟着东纵北撤后在淮海战役中打过仗。姑夫是炮筒性格，说话快嗓门大，态度比我爸爸“恶劣”多了。表妹是他最宠爱的孩子，大声问他为什么要反党反革命。他指着表妹大声地说：“我像你这么大的时候已经走出家门参加革命了，什么叫反革命你比我懂吗？”他又指着表哥更大声地说：“我像你这个年龄时已经加入中国共产党了，我的党龄比你大两倍不止，你又懂什么叫反党？”他狠狠地把我们训斥了一顿，骂我们不在学校读书跑回家里撒野。我们这些毛孩子哪是他的对手，平时颇有自己父亲气势的表哥也不敢吭一声。批斗会变成我们乖乖地听他训话，大气不敢出，几个年纪小一点的更是吓得跑回了家。

原本我们计划继续到其他几家去批斗，被这样恶狠狠地训斥后，气泄了不少，干劲也没了，觉得灰溜溜的实在没有意思，散了算了。最后孩子们总结道，我的爸爸态度不错，不像是反党分子；表哥的爸爸态度顽固而且恶劣，可以归入死不悔改那一类。

40多年过去了，爸爸离世前没有什么遗憾，“文革”早已只剩下模糊的记忆，种种闹剧，随着时间的推移剩下的只有被取笑的分儿。几十年来，我们从来没有在父辈面前谈起过那场家庭批斗会，谁也不想揭开那不堪回首的一幕。只是表兄妹之间，有时还会讲起儿时往事，感慨良多。我们怎么样都想不明白，当年大家为什么会结伴去批斗自己最尊敬的爸爸呢？在我记忆中，爸爸全副身心扑在工作上，对工作要比对我们上心。说什么我都不相信爸爸反党反革命，那出于什么目的我们要去批斗爸爸呢？这个问题我想了几十年现在才有点眉目。

反思往事，我们那时的行为还是有点来龙去脉的。亲情本是与生俱来的天性，亲子之间不可能有不共戴天之仇。但是我们出生后至“文革”发生，十几年受的教育，恰好是逆天而行的教育，我们的意识里全是阶级斗争、非黑即白、你死我活、大义灭亲的教条。课本里充斥着一个个“英雄”的典型行为，天天要我们模仿学习：毛泽东和他的顽固父亲的斗争，彭湃夺取自己父亲的田地分给农民，彭德怀枪毙自己投敌的亲舅舅……告发亲人是间谍的少先队员、揭发父亲是奸诈资本家的共青团员、大义灭亲的地主子女……

我们被教育：亲情、私利在新社会是没有价值的，抛弃这一切的“英雄”才是我们值得仿效的楷模。大公无私、斗私批修是进步青年的必由之路。崇拜英雄，学习英雄，是那时的流行时尚。革命、造反，是那时唯一可以选择的生活。可以说，17年的教育造就了“文化大革命”的基础；文化的一元化，思想的一元化，使那时的青年失去自己的独立思考，失去自己的脑袋。以致“革命就是要革过去革过命的人的命”这么拗口的句子成为流行语，成为那时青年行为的准则；以致大公无私，大义灭亲成为那时的行为标准。

只能说，“文革”把我们愚弄成了没心没肺的傻子。值得庆幸的是，当年我们没有揭发父母（其实也没有东西可供揭发），没有脱离父母子女关系（还没有愚蠢到那一步），也没有动手打自己的父母（批判已经够伤心了）。

在后来的岁月长河中，当我们也为人父母后，我们终于懂得什么叫亲子之情，什么叫真善美。“文革”，一段需要时时反省，日日警惕的荒诞岁月。

难忘的记忆与遗憾

忙于工作的爸爸与我们的交流实在不多，仅有的几次便深刻存在于脑海中。我在海南岛结婚生子，在儿子几个月大的时候，爸爸刚巧到海南岛出差，他竟然从海口跑到我当时所在的大丰农场，看望我们一家三口。那天很隆重，其实双方都不容易，我们要带着孩子从工作的农场中学赶往数公里外的琼中腰子车站，天热不说，泥路颠簸，又没有通信工具，不知爸爸几点到达，只好拼命赶路。而爸爸那时也没有公车接送，是自己坐长途班车前来，陪他一起来的还有他的朋友、当时的省粤剧团团长黄宁婴。我们到达腰子车站时，幸好爸爸坐的班车还没到，便耐心等待。口袋里没几个钱，想买点东西送给爸爸也不知该买什么，就这样连水都没舍得喝，等到爸爸和黄叔叔下车见到我们为止。爸爸见到我们很高兴，逗小外孙玩了一会儿，了解了一下我们的工作生活情况，在车站坐了大半个小时后，爸爸说要赶往另一个地方开会，要坐车走了。他从口袋里掏出20元钱，塞到我手里说，买点东西给东东（我孩子的小名）吃吧。20元钱现在是微不足道，当时却差不多是一个月的工资了。回到广州后，爸爸对家人说："想不到在海南岛有一个这么漂亮的外孙，真是欣慰。"爸爸对我在海南岛结婚生子从来不干涉，在我们结婚那年，爸爸还写了一副条幅送给我们："赠志武　小瑛　七四年十二月　胶林椰海气如虹，教改强音震碧空。谁道南疆多艰苦，开天辟地出英雄。　万千青年立志开发海南，令人感奋。书此诗赠。"我们把爸爸送的条幅裱起挂在家里最醒目的地方，每逢看到，便感到巨大的力量在支撑着我们在艰苦的环境中努力工作。

后来我们调到深圳的光明农场中学继续任教，爸爸有一次到深圳开会，特地到农场接我一起去。那时的深圳还是破旧的小城，正是大开发前夕，机会很多。但我不喜欢深圳，我觉得那里的人太势利眼。几天的深圳游，和爸爸以及他的同事共处了几天，我发现爸爸的同事对爸爸极其敬重，对爸爸的意见十分重视。不论走到哪里，爸爸都是众星拱月般的人物，我觉得很自豪。

对于家乡三水芦苞李洲，爸爸深沉的爱更是表露无遗。这是他的出生地，他在这里读完了小学，少小便离家，在香港、广州等地读书至参加革命。因此他很少有机会寻根直到离休。爸爸的最后一次故乡行，是在他85岁的时候，那时爸爸已有病在身，冥冥中像有人呼唤他对故乡进行最后的告别。那是1999年4月，爸爸与子女数人坐上了回故乡的车，芦苞镇村头有座大型雕塑，雕塑上刻着爸爸撰文并书写的《芦苞礼赞》，深情赞美家乡的人杰地灵、文兴物阜，字迹娟秀劲朗，深得家乡人的喜爱。爸爸走访了小时候读书的洲面小学，在小学留下了最后的影像。小学校园内的砖石座椅，都由爸爸捐建。之前家乡曾遭百年不遇的大水灾，爸爸召集开了家庭会议，他带头向家乡募捐，并要我们每人都得募捐资助家乡渡过难关。我和小沂拿着众亲戚捐来的数万元送往家乡，并转达了爸爸对家乡的关心，我们的心意给家乡抗洪救灾增加了力量。村委会领导感动地说："二叔（对我爸爸的称呼）从来都把家乡的事当作他自己的事，尽心尽力为家乡做力所能及的事，我们要对得起父老乡亲，一定把各项工作做好。"

从家乡回来后，可能因天气炎热，爸爸就病倒了。病重之际，爸爸召开了家庭会议，交代后事。他说了三点：一是死后要把骨灰撒在家乡的李洲河，二是把家里的图书捐给三水图书馆，三是把两万元捐给家乡的小学。依照爸爸的遗愿，在爸爸身故后，我们一一照做了。此后每年，我们都回家乡拜祭老屋以及那条河流，那里有爸爸的灵魂。

爸爸在离休之后，还念念不忘他的工作，极少有娱乐活动。经常也会有人请爸爸到处走走，看看各地的戏剧活动情况。凡与戏剧工作有关的事情，爸爸都会乐此不疲。有一天，爸爸说他很想去长江三峡，那里是中华文化的发源地，他极想去瞻仰久负盛名的白帝城、屈原祠、张飞庙等名胜古迹。与今天的干部大大不同的是，爸爸这一辈子没去过什么地方，别说出国考察，就是国内的旅游点，他也极少涉足。一次没出过国的爸爸说他的梦想就是到长江三峡走一走，谁能满足他的愿望呢？当时我还在上班，没想过要请假陪爸爸到长江三峡一游。只是决定在退休后一定陪爸爸实现这个多么简单的愿望。可惜我还没退休，爸爸已病逝。爸爸的一辈子就是工作、工作还是工作，基本没有个人的生活追求。到长江三峡走一趟这么简单的愿望，就是他极大的心愿了。可惜这么微不足道的愿望竟然无法实现，每忆及此，我都后悔不已。爸爸从来对我们没有要求，如果他主动提出来，可能我们还会考虑一下，但他没说，我们也就没想。爸爸健康的时候，在我们面前是个强者，得到他的庇护好像天经地义。当爸爸衰弱无力时，我们却没想到要爱护珍惜爸爸的每一天，以至于这么简单的愿望都没有付诸行动而成为无法实现的遗愿。

爸爸走了14年了，在爸爸百年诞辰之际，写下这点点滴滴的回忆，算是我对爸爸的一点孝敬。

2014年5月15日

父亲的教诲

□ 李小桦

回忆起父亲与我们在一起的往事，突然涌出千头万绪，脑海像开了锅般沸沸腾腾。但是，提起笔却不知从何写起，唯有想到哪里便写到哪里。

我的父亲，您辞世14年了，您升到天上去成为天之君，作为女儿，仿佛清晰地看见您在天上仰着头颅，开心自由地欢笑。父亲的笑容反反复复地浮现在我的脑海里，太奇妙了，他灿烂的笑容简直让我欣慰到了极点。

这个白日梦延续了许多天，它让我相信了父亲是苦尽甘来的。

父亲李门的性格是外冷内热的。作为晚辈，我感受到了他灵魂的纯正、执着、热情。父亲因为中年脑部不幸被外物撞击，得了脑震荡，因此患上了严重的睡眠障碍。为此，他的人生必然比一般人更辛苦，也会比一般人付出更多的毅力、更多的能量。何况父亲对自己有严谨的、近乎完美的苛刻的要求，那就更难了。我经常听到父亲大声朗诵莎士比亚的名言：生存还是毁灭……女儿知道父亲并非在念诗词，而是以此来激励自己克服人生的障碍。父亲长达一年

李门、老庄参观五女儿李小桦画展

的时间夜不能眠，平日里也有严重的失眠症。其中的痛苦是常人难以了解的。然而，父亲依然勇敢面对命运对他的严峻考验，并保持着警醒、自责、反省的良好品质，以完美至善的态度挑战困难，应对宿命。女儿常常看见父亲夜里伏案写作、看书。据妈妈说：父亲睡眠障碍严重之日，就是他创作好诗之时。

父亲的“庐舍”与灵魂都有着某种执着，热情而又严谨，坚定而又清高……种种不同的特质形成了一个多层次的丰富人格与矛盾的性格。在“文革”期间，父亲与母亲都被关入“牛栏”，红卫兵可以提堂审讯他们。

有一次，父亲与欧阳山一行老干部被红卫兵一边押着行走，一边被这些红卫兵以皮带没头没脑地抽打，以致父亲的眼睛差点被打瞎。他受了伤也不能回家，依然是蹲牛栏，我们则担当了“牛鬼女”的罪名。看见父亲受了伤，忍受辱骂依然不屈不挠的气势，我心里夹杂着万分的惊惶与敬佩。

当时，家里就剩下嫲嫲与我两人，每天傍晚，嫲嫲都痛苦地哭泣，那种无以形容的哭泣声至今回想仍让我心跳加速，难以言传，更难以承受。幼小的我惊惶万分地躲在客厅门口偷窥阿嫲扭曲的哭泣声，竟然不敢上前去安慰我年迈的可亲并且唯一能依靠的嫲嫲，我很后悔自己是如此的愚笨，为什么不跑上前去安慰这个没有了她就会没有了我的至亲长辈。我年幼的心灵也受到了严重摧残。阿嫲在苍凉悲伤地痛哭，她一边哭一边诉说：“为什么一个革命家庭反而变成了反革命家庭？”院子外、门外都贴了丑化我父亲及其他文艺界知名人士的大字报。一个革命的母亲，三个儿女都投入了抗日救亡。最小的十一岁，最大的也就是十几岁的爸爸。她是一个伟大的无私的母亲。可是，扭曲的社会就是要让无私的母亲遭遇痛苦，更不说家里有红卫兵随意出入，翻箱倒柜，拿走他们想拿的东西。

在那个人性大暴露的岁月里，父母坐了牛栏，我们也像坐猪圈。作为“牛鬼女”的我，常年被人欺辱。读小学五年级时，背的书包被人抢走，写字的书本被人撕烂；这个冥顽之徒还善于使用口沫飞弹，把腥臭的口沫飞弹射击到我这个“牛鬼女”的脸孔。那时候许多“黑七类”的孩子都不敢上学了，我虽受辱却并不畏惧，因为我的父母是坚强的人，我要像他们那样敢于与坏人坏事作斗争。

在那风雨飘摇的日子里，楼上的一位叔叔踢开沉重的凳子上吊自杀了，隔壁楼的一位干部也以跳楼结束了生命，对面楼的歌舞团阿姨也自尽了……后来，父亲感叹地说道，如果他不够坚强，十个他都没有了。

这叫什么年代？黑白不分，随便就可以弄死一个人，不需要任何理由，许许多多的人都发狂了，都疯魔了。真是一个人性大暴露的年代。弄死一个人就像扔掉一件旧衣服一样。然而我的父母在那个没人性的年代里是正能量的坚守者。

"文革"之前，父亲因为《山东响马》被下放海南岛当矿工，当时，才四岁的我执着一念就是要跟着父母走。可是，妈妈不知使用了什么"法术"，在我寸步不离跟着她的情形下闪身走了。幼小的我坐在车水马龙的马路边上望着西方号啕大哭，直到天色阴沉。我悻悻回到家里，想明白了，就是太阳与月亮轮番出现也哭不回下放劳动改造的父亲、母亲。

然而，下放海南岛的父亲、母亲（二姐、三姐也跟着去了海南岛），好像很享受这趟劳动改造，这就叫适者生存吧。在这个上万人的矿区里，父亲赢得了劳动模范的称号。这让幼年的我感到十分自豪，觉得父亲十分伟大。

另外，父亲还被下放到农村改造思想。黑黝黝的大山是父母亲每日夜里的归家必经之路。父亲不但没有怨言，劳动改造时还争先挑大粪，丝毫没有作为副局级干部的架子，这是父亲纯朴、正直的体现。父亲、母亲坦然面对历次常人难以忍受的坎坷，从不怨天尤人，在艰辛的人生中活出自己的精彩，他们就是我们兄妹学习的榜样。

后来，父亲在五七干校做了副校长，他最出力、乐于做的事就是替受冤屈的老同事平反，他尽心竭力，周而复始，把个人利益置之度外。所以，在我心目中父亲不但是个儒雅的君子，同时也是个高尚的人。由于父亲在业界人缘好，我也沾了父亲的光，得到业界不少知名画家的指点、启发，获益匪浅。

小时候，父亲给我的印象就是不断有事情忙碌，工作间隙打太极拳，星期天抽空与妈妈和我坐人力三轮车到文化公园玩耍。父亲身上极少带钱，30元在衣袋里就说自己很多钱了。他为人诚恳、质朴，对儿女也一样。我记得最清楚不过的是，他拿起我的右手把5分钱硬币重重地放在我的手心，这是童年的我得到爸爸给零用钱的唯一记忆。长大后，爸爸知道我喜欢绘画，经常鼓励我，他希望我在艺术上有所成就。可惜，我在性格上与爸爸一样也是个多重性的人。我并非别人认为的清高，而是喜欢清静，总觉得绘画特别适合自己。因此我隐约觉得自己对不起父亲，没有完成父亲对我寄予的期望，没有成为在世俗角度上大有出息的人。小时候，他用沉甸甸的手把5分钱放在我的手心，我长大后他支持我出画册，暗地里悄悄替我出钱出书。这让我回想起来仍十分感动。

凭着父亲的鼓励与名家的指点，我自己所作的第一幅人物油画作品就得到商贾的欣赏并收藏；第二幅油画获得“我为花城添姿彩”优秀奖，并被私人收藏；第三幅《大山的歌》获省、市专业美术优秀奖（最高奖项），并被私人收藏；同年的省体育美展入选油画，也被私人收藏。中国彩绘故事集在海外发行，所作的三册连环画被海外电视台作为教材使用；许多呕心沥血之作被展览、被收藏、被报刊刊登。《悠悠岁月》《母与子》系列民族风情画被展出，并被私人收藏；有的被书画报刊登、在省级专业展上展出。

父亲多次对我说："艺术是一个神圣的境界。"

他的话对我影响很大、很大。

很多时候，每当我拿起画笔，就会忘记一切杂念，甚至以为自己处于一个透明的、空无一物的空间里，心灵也会一尘不染。神圣境界原本就是庄严肃穆、充满圣洁的。所以，当我进入神圣境界时就会本能地把七情六欲消灭。因某些原因，我曾一度患上了忧郁症，为了迅速走出人生的低潮，唯有以艺术来医治自己。我前赴后继地画了许多幅大画，有一次妈妈来了惊奇地问我为什么地上布满头发？我才留意短发密集布满了房间内的地面。所作绘画得到业界内外不少人的认可，熟悉的朋友会问我为什么要画这么多画，为什么有这么多的能量。

我在心里回答："因为父亲说艺术是一个神圣的境界，进入到神秘的境界，必须产生艺术创造的灵感，内心一尘不染。"

最后一次参加省、市美展，展出的是《心源》作品系列十八号与二十五号油画。父亲离开我们之后，我保留了几年油画创作的习惯，甚至一天不绘画就有心灵缺失的感觉，这一定是父亲在天之灵保佑了我的结果。

父亲对名利很淡泊，他认为人本应对社会有不同程度的贡献，各尽所能就成了。同时，有一种使命感由始至终隐藏在他身上，父亲虽然经常戴着孙悟空式的“紧箍”工作，但同时生性豁达，乐观地看待人生，将他的事业做到最好。每逢年夜饭阖家团聚，饭后，父亲必然朗朗上口地念出新诗一首，以诗词鼓励我们同气连枝，同心协力走进新时代。

不知是否受了父亲的影响，自己总是隐约感到某种使命感隐藏在身上。要让自己的人生有意义，要让自己更满意自己。为此，我更有心力去绘画大自然的盛宴，观画的朋友感叹我的房屋藏着这么多作品。

我的创作灵感（即动力）源源不绝，我喝令自己别再弄了。已经没有地方放得下这些对自己来说是女儿般的绘画。

姐姐问我：“你画这么多画为了什么？”

我都回答不上来，灵魂里的热情一定是父亲遗传给我的。原力不是任何外部障碍能阻止的。

在多年大隐于都市的自己，不但画了许多印象、想象，源于生活高于生活的油画，还将最多的精力放在了撰写长篇小说《梦中童话》之上。这是一本由上、中、下组成的现实与超现实的长篇小说，小说男主角沧海的性格让我想起父亲倔强的性格。可以说，我是用灵魂去写作的，身心并用，整个人完全投入到这个超现实的表现志愿者的升华与被邪力外侵而变成魔头的堕落的人之间的斗争之中。

父亲生前曾经叫我与他合作写一本书，那时候没有适当的时机。现在，父亲诞辰一百周年之际，得上天保佑，这三集书在今年初完成了。父亲得知，一定会在天上眉开眼笑的。当年，因为父亲“爱人如己”，组织亲友把抗灾资金送到家乡父老乡亲手里；因为父亲严于律己，他不忘家乡小学的建设状况，大热天乘坐一部随时会半途熄火，同时又没有空调的旧车回家乡，汽车果然半途抛锚，父亲因此而中风。想到此，作为女儿的我内心真的不知道该如何表达了，我又看见了年轻时父亲在天上的笑容，真也罢，幻也罢，总之，作为女儿，我坚信父亲由此获得了一个永恒的灵魂。

人生不满百　常怀千岁忧

——怀念舅父李门

□ 黎服兵

黎服兵

前几天访问莎士比亚故居，听影像资料里丹麦王子哈姆雷特的独白。一段50年前的记忆在满园鲜花的英国乡村小屋前被突然唤起。

那是共和国最美好的一段日子。刚刚从三年经济困难中走出，政府已经有余力让文艺工作者过上好一些的日子。舅父一家和我家搬进了广州沿江路东头的一个院子里。院子里住的是广东的文学艺术家，良好丰满的文化滋润着院子里孩子们荒芜已久的心灵。

我们翻着北京孩子带来的精致的《格林童话》和苏联的科幻小说，听大人们谈唐诗宋词，讨论但丁、叶芝、托尔斯泰、果戈理，看他们手书毛泽东新诗《七律·送瘟神二首》。楼顶天台一缸缸金鱼眨巴着大眼睛向我们讨食，养金鱼的摄影家给我们看的照片如金鱼般漂亮。

在满院子快乐轻松的氛围中，舅父却喜欢在人少的时候，用英语轻读莎士比亚戏剧《哈姆雷特》的王子独白："To be or not to be. That is a question."（生存还是毁灭，那是一个问题。）他的眼神空茫，视若无物，其中的深沉与痛苦、疑惑和思考，往往使年少的我为之倾倒，为之震撼。我曾经偷偷看过舅父做了笔记的内部图书：柯切托夫三部曲最后一部《州委书记》。书里州委书记对赫鲁晓夫揭露斯大林的思考文字下面，有舅父画下的重重笔痕和简略的批语。

我那时刚读初中一年级，对苏共二十大和中共“庐山会议”毫无认识，只是觉得舅父对这些大人物的言论如此重视，有点新鲜神秘，有点冒险好玩。再把丹麦王子的独白连在一起想想，好像有些明白，舅父不是常人，不是一般的领导干部，他有自己的想法，自己的独特人生，所以对“生存还是毁灭”这个永远没有答案的千年之问情有独钟，流露出自己的思绪。

舅父一辈子和戏剧打交道，早年因排演抗日戏剧结识郭沫若、田汉，解放后一直没离开戏剧界。他曾因戏改获罪，因一出《山东响马》就被发配到海南石碌铁矿劳动改造，却仍然对戏剧痴心不改。海南区党委知道毛泽东表扬海瑞精神，就想以海瑞家乡的特殊地理位置搞出一部海瑞戏，请舅父出山写剧本。舅父二话不说就参加了创作，在吴晗的《海瑞罢官》还没脱稿时，海南的琼剧《海瑞回朝》就已经写出来了（和杨嘉合作）。

本来这是地方党委响应号召，“写清官，演清官”，表彰刚正不阿、犯颜直谏的浩然正气，算是给知识分子鼓劲，让他们贡献聪明才智建设国家的正面行为。那时的戏剧走在其他文艺创作的前头，也许那时的中央领导喜欢看戏，也许戏剧容易深入人心，影响大众。好戏层出不穷，《谢瑶环》《生死牌》《搜书院》《海瑞上疏》，精彩纷呈，也让终生喜爱戏剧的舅父大大地过了一回瘾，倾了一回心。

在一边受打击，一边受重用的环境下，人的心绪可想而知。我度量舅父的思想没有顾准的清晰彻底，没有田家英、李锐的洞悉内情。他长期行走于心情舒畅和压抑不解之间，阴晴不定，明暗两难。在还没有解除劳动改造的压力下，能够写出一部名动天下的大戏，实在是难为了他。素材的搜集、生活的积累、风土人情的了解、人物性格的塑造、故事的结构、语言的提炼、唱词平仄韵脚的斟酌、思想精神的探索，这一切要花费多少心血精神。没有对戏剧的一往情深，没有对海瑞精神的推崇敬服，难以成就这部《海瑞回朝》。

私下揣测，舅父在创作这部戏时，是否掺杂了自己的感受和悲情？1959年受到的不公正处理，远贬天涯海角的处境，多少和中国历代忠臣被流放海南暗合。“一去一万里，千之千不还。”远贬的臣子往往在政治昌明时得到起用，正是“回朝”的主题所在。舅父作为党的干部，是多么渴望能够重新得到党的信任，重新从事自己喜爱的事业。他也无法突破历史局限，无法想通想透自己的冤案根源何在。

“文革”发生前几年，舅父一家好歹回到广州，处境改善不少。这段日子对大人孩子如黄金般宝贵。大人们做什么不知道，孩子们重新聚在一起，书香翰墨中，红船烛影里，却沾光不少。家里有的是书报杂志、新出版的小说，最吸引孩子的是大人们锁起来的书箱。书箱里面藏着的是现在所说的“灰皮书”“黄皮书”，我们趁大人不觉偷来钥匙，打开箱子，偷偷阅读。《麦田守望者》《带星星的火车票》《在路上》是最新的外国小说，《俄国局势真相》《被背叛的革命》《陷于绝境的布尔什维主义》《新阶级》是修正主义的理论著作，都被我们翻出来死啃烂啃，啃不动也啃。可惜不久，“文化大革命”来了。

“文化大革命”以批判《海瑞罢官》开头，最高领导对文联、作协、文化部、中宣部的严厉批示，直接打击如当头棒喝。文艺界中戏剧界首当其冲，舅父作为南方戏剧的代表人物，最早最直接遭到打击。最高领导从盛赞海瑞到痛斥海瑞，不过短短几年间，把1959年被他罢官的彭德怀比作要翻案的海瑞。处置别人的生存毁灭只凭自己的一时兴起，把中国几亿人的生存毁灭置于自己的翻云覆雨之掌。舅父成为覆巢下的蛋，形势急转直下，已容不得他再从容思考这个哲学命题。

检查、批斗、监禁，必不可缺，多少文化人为了尊严，选择毁灭。“文革”中，从战争里走出来的人，被毁灭的有，自我毁灭的不多。没有经历过战争的人，被毁灭的多，自我毁灭的更多。两类人都是覆巢下的蛋，不过有些更耐摔打而已。也许舅父这时对哈姆雷特的精神状态体会更深一层，王子面对母亲的慈爱和背叛，继父的威权和阴险，慈父的重托和顾忌，葛菲莉亚的爱情和死亡。“怎么办？”的疑问，时时刻刻缠绕在心头。

俗话说一千个人读莎士比亚便有一千个不同的哈姆雷特，舅父虽然入戏，也是按着自己心目中那个哈姆雷特来扮演角色的。错综复杂、纠缠扭结，五味杂陈，手足无措是处于“文革”漩涡的人的真实心境，比哈姆雷特更苦更痛。

还记得“文革”初起时，狂妄无知的我跟着红卫兵队伍上街“破四旧”回来，和躲在家里的舅父讨论起粤剧来。我一口咬定粤剧是商业化的产物，庸俗低级，应该消灭。为戏剧花了半辈子心血的他只能叹着气说，粤剧出现的时间很长，中国还没有资本主义的时候就有了粤剧，粤剧是劳动人民创造的，你还不懂……其实我连粤剧都没真正看过，就居高临下地否定粤剧，实在是罪过，真是又毁灭了一次舅父心中的至爱。现在我能领会到他当时的痛苦。我当

黎服兵（中立者）和表妹李小瑛（右）在李氏宗祠前留影

时的无礼无知，也是中国那时天天上演的悲剧。在我后来读完《莎士比亚戏剧集》的时候，我才读懂了舅父对戏剧的一往情深。戏剧，特别是悲剧，是阐发人性的最好载体，把美好的东西毁灭给人看，把人性里的美好和丑恶表现得淋漓尽致，是悲剧承担的意义。我们这一代撕碎过那么美好的生活，然后再懂得悲剧的意义，真是时代误人。比起舅父那一代能够从小浸润在莎士比亚戏剧启示中的人，我们又是多么不幸。

舅父一生坎坷，精神遭受的折磨太多，后来有神经衰弱和失眠症，一点点声响就睡不着。偏偏他们家住楼下，外面花园种着花草，自然萌生许多小蟋蟀。我到楼下玩的时候，会见到他满地捉蟋蟀，埋怨蟋蟀在床底下叫，睡不好。这事小孩比大人能干，我曾经替舅父消灭过不少蟋蟀。

有一次舅父兴冲冲地叫我下来，让我看他新买的电唱机，要我帮忙把唱机的输出插头接到电子管收音机的音频入口。我正好参加了附中无线电小组，这点技术难不倒我，很快接好线，放上新出版的《音乐舞蹈史诗——东方红》黑胶唱片。舅父很认真地听，反复琢磨。不久后广州市也排出一台《东方红》，在中山纪念堂首演时，我得到一张入场券作为奖励。我猜，舅父买回电唱机就是为了把这次演出搞得更好些。

小时候喜欢到舅父家玩，他家孩子多。那时他们住仓前街，不远处是六榕寺，还有省文化局借用办公的光孝寺，里面大得很。我们几个孩子在表哥带领下时常钻进寺里去，在木材堆里辟出空间当作秘密活动基地。光孝寺的放生池水很深，我们把木板扔进去当船划。木板一歪，我第一个掉到池水里，多亏表哥表姐妹一起把我拉了起来。正是冬天，浑身湿透，舅父知道了很生气，怕把自己妹妹的大儿子淹死了不好交代，马上给我换了干衣服，叫了辆三轮车来。那时他是省文化局的副局长，可以用轿车的，可是很自律，就这么坐三轮车押送着我回了家。

我上山下乡回城后做出版，曾经将舅父写的历史小说《冯云山》改编成连环画脚本，请连环画名家洪斯文先生绘图。舅父知道了这事很高兴，几次和我商量如何改编，对洪斯文的画作也反复斟酌，提出多处修改意见。冯云山是太平天国少有的知识分子，给过洪秀全许多健康的建议，算是个大手笔有抱负的将领。舅父不为别的人物立传，只写冯云山，如果没有那么多的运动干扰，可能会再写出一个多幕剧传世。冯云山在太平天国的地位颇为尴尬，英年早逝，清醒地参与行动，便生出许多疑问，遇到哈姆雷特提出的问题，也符合悲剧的条件。

以上是我和舅父一生的交集，时空次序混乱了。多年的无形影响多于直接的交流。文化大抵都是这样吧，“随风潜入夜，润物细无声”。我庆幸有机会和舅父住得近，舅父对我的影响是全方位的。我曾经和表姐妹们说过，我父亲虽然也有诗人作家之名，但我的文化教养、对文艺的了解和追求，主要得益于舅父。民国时的大学教育，造就了舅父这一代南方知识分子的深厚文化根基。我父亲初中没毕业，是从大山里走出来的土地主儿子，跟着舅父演戏写戏，在战争年代，更多的是靠感觉和天分，缺了历史文化理性，缺了睿智和从容。

除了舅父直接的教育熏陶之外，我和舅父的人生轨迹曾在一个地理原点上重合，也是上天的安排。1959年舅父被贬到海南石碌铁矿技工学校，18年后我到了同一个地点教书。两代人被发配到海南同一地点，中间是共和国的一次大起大落。地点的巧合，时空的交错，让我有机会体会老一辈的胸襟气度，老一辈的爱恨情仇，老一辈的思考疑虑，老一辈的孜孜追求。在石碌的青山绿水中，我时刻感受着老一辈留下的无形信息，历史、文化，灵感、忧思，学问、文采，责任、担当。精神财富不会因一个人的离去而消失而中断。有心人、有意人，会感应到、会感受到。人生确实难满百，但千岁之忧，由莎士比亚传递到舅父，又从舅父传递到我，这种薪火相传，不因世袭，不因偶然，实在是同声相应，同气相求，斯文一脉，自有命数。只要人类还在活动，历史还在不断演进。*To be or not to be ?* 这个永恒的问题将永远摆在我们眼前。

怀念我的爷爷

□ 李克兰

今年是爷爷诞辰100周年，我非常怀念我的爷爷，他对我的爱、对我的教育影响了我的一生。

爷爷非常爱我，对我的成长倾注了很多的爱，使我终生受用。我在“文革”期间出生，出生时脑部受过伤，爷爷为我起了个名字“克兰”，鼓励我面对困难，克服困难。爷爷常常教育我：“人的一生可能有很多很多的困难，特别是你大脑受过伤。但无论遇到

李门夫妇和幼年的李克兰合影

什么困难，你都要积极面对，勇于克服它，不能被它压倒。”随着我慢慢长大，出世时遗留的问题逐渐出现，手脚和头脑都不够灵活，和同学们相比，常常觉得差人一等，我很自卑，爷爷总安慰我：“只要你尽了自己最大的努力，成绩怎样都不要计较，要乐观、安分地生活。”在学习上，爷爷严格要求我，每次写完作文，一定要给他检查。直到我去香港工作，他还常常出题目让我写作文，要我完成后寄回广州给他看，他批阅后再寄给我。这样训练一段时间后，我的作文水平有了很大提高，对以后的工作帮助很大。爷爷的英文水平很高，他经常和我用英文对话，训练我的口语。每逢我在学习上有一点进步，他就非常高兴。当我考上初中时，为了鼓励我，爷爷给我买了一本笔记本，还在笔记本上郑重其事地提了字：“克兰克服困难，踏上中学征途，希望继续努力，争取更大

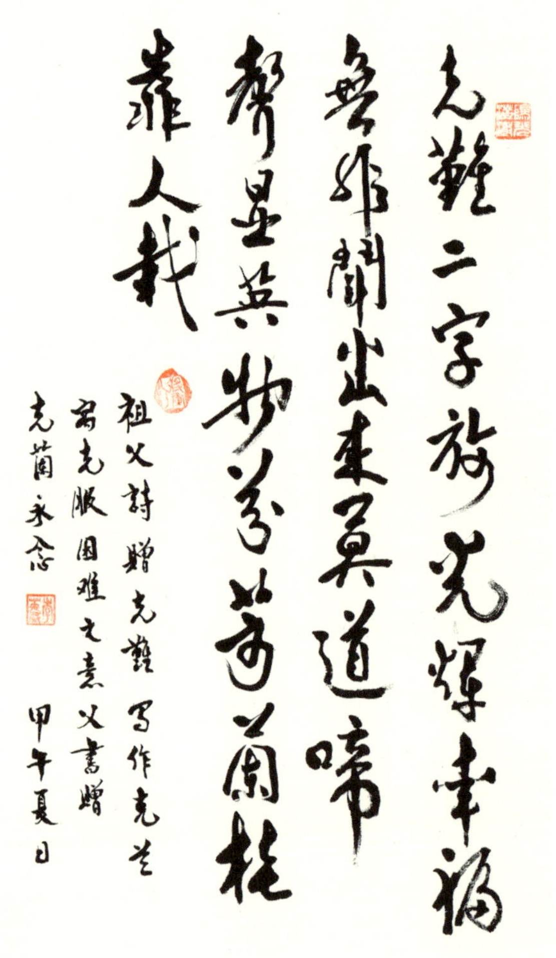

李英棋抄录李门诗
赠女儿李克兰永念

胜利。”我好感动啊！

我随父母到香港定居时，爷爷送给我“努力，安分，自强，自立”八个字，勉励我在香港好好工作和生活。初到香港，由于不适应当地的环境，总不习惯那里的生活，工作也很不如意，心里产生了畏难情绪。但爷爷总是鼓励我说：“在工作上，在人际关系上，千万不要斤斤计较，不要怕吃亏，多干活。一定要做到自尊、自爱。”每到周末，他都打长途电话和我聊天，了解我在香港的生活和工作情况。每逢我放假回广州探望他，他都好兴奋。记得有一次，我下班后才从香港回广州，而且好多人排队过关，回到广州已经晚上九点多了，八十多岁的爷爷还等在街口迎接我。

李克兰在今年广州市东江纵队历史展览会上与爷爷的照片合影留念

在爷爷的教育下，我有一种很强烈的自立精神，总觉得人一定要靠自己，不能依赖别人。我对自己有一个目标：一定要自己养活自己，不要父母为我担心。在这个目标的激励下，我找工作的劲头更大。出生时的难产遭遇使我手脚不够灵活，脑袋瓜也不如别人好使。出去见工往往失败而归。但我绝不放弃，一次不行两次，两次不行三次……在见了无数次工之后，终于有公司愿意让我试试。工作的时候，我从来不以个人原因要求公司对我有丝毫的照顾，我不怕工资低，不怕工作烦，从来没有停止过工作。我牢记爷爷的教诲，要体现自己的人生价值，就要不停地工作，愉快地工作。这是我一生的目标，要我一辈子的努力才能达到。有了这个奋斗目标，即使遇到什么困难，我都有好强的意志克服它。这样我才能生活得幸福快乐，生活才有意义。我相信我这一辈子都能好快乐地生活，因为我一生都在努力，不会虚度。这一切，都是爷爷教导我的，是爷爷使我没有自怨自艾，没有埋怨命运的不公。

安息吧，爷爷。我会加倍地努力工作，不辜负你对我的期望。我爱你——我的好爷爷。

附录

李门年谱简编

（1914—2000）

1914年

8月，出生于广东省三水芦苞洲面李洲村。原名李家梁，曾用名李瑛。

父亲李俭生，常年在香港经商；母亲（乡下惯称阿婶）陈三妹，在家务农。

兄弟姐妹六人，排行第四。大哥、二姐、三姐均早夭，剩下李门及五妹李惠卿（改名李昭）、六妹李惠莲，均参加了革命工作。

1919年　5岁

就读于洲面小学。念了七年书。

1926年　12岁

到香港九龙从父亲亦学亦商，读了一年汉文。

1927年　13岁

就读于香港圣约瑟书院。

1931年　17岁

与李悲而、李依平等同乡好友在李氏宗祠前演出自编话剧《挥戈退日》。是为戏剧活动之始。

1932年　18岁

毕业于香港圣约瑟书院。以五年的时间念完七年的英文课程，取得由香港大学颁发的全港会考及格的文凭。

1933年　19岁

就读于广州大学法律系。

参加时代剧社，饰演战士。

到国民政府广州市土地局地籍图册编订处当入册员，半工半读。

1934年　20岁

在市府礼堂参演外国话剧《皮格马林》，饰演艺术家，是为第一次在舞台上担任主演。

1935年　21岁

参加广州锋社话剧团。

1936年　22岁

毕业于广州大学法律系。

9月18日，锋社改组为抗日救亡团体，成为该社负责人之一，是为参加革命工作之始。演出剧目有《回春之曲》《我们的故乡》《雷雨》《自由魂》等。成为锋社、艺协、蓝白三大“小生”之一。

1938年　24岁

3月18日，与老慕庄（即未来的妻子老庄，曾用名张沂）在锋社结识。

4月，加入中国共产党。入党监誓人为时任中共广州市委宣传部部长杨康华。

参加演出革命历史剧《黄花岗》，饰演陈炯明。

10月，率领锋社成员撤出广州。根据党组织指示，率队参加第四战区动员委员会艺术宣传第四大队。

1939年　25岁

年初，经党指示，转往国民革命军第十二集团军一五四师从事抗日宣传工作。后调上六十三军军部，成立六十三军政工队。

1940年　26岁

饰演多幕剧《北粤丰碑》主角营长，老庄饰演营长妻子。是为二人首次在舞台上扮演夫妻。

1941年　27岁

国民革命军第七战区政治大队（后正名为艺宣大队，惯称七政大）成立，任七政大地下党支部书记。

率七政大到桂林向广西省立艺术馆取经。

在粤北的舞台演出剧目有《忠王李秀成》《天国春秋》《虎符》《大明英烈传》等历史剧，《蜕变》《朱门怨》《金玉满堂》《草木皆兵》《军民进行曲》等现代剧。

1944年　30岁

2月，率七政大同志参加西南剧展。

12月，七政大分六批转到东江游击区。李门（改名李瑛）率领第四批人员马孟平、梁劲等从曲江步行至清远，而后在自卫团带领下进入东江游击区。

1945年　31岁

年初，任海燕政工队队长。

夏，任鲁迅艺术宣传队队长。

9月，从南雄回广州，后与老庄搭火车赴港。

1946年　32岁

1月23日，与老庄在香港结婚。婚后育有一子四女：李英棋、李小曼、李小瑛、李小沂、李小桦。

任香港《华商报》记者。

5月，中原剧艺社改组后担任党支部书记。主演讽刺荒诞剧《气死阎罗王》等。

1947年　33岁

1月，代表中原剧艺社主持港九戏剧协会工作。

1948年　34岁

5月，歌剧《白毛女》在港演出，轰动一时。李门为该剧舞台监督。

下半年，担任香港中共中央华南分局文委委员，主要负责戏剧、音乐、出版等工作。

创作《夫妻识字》《今时不同往日》等剧目。

1949年　35岁

7月，任华南文工团党委书记兼政委，率领该团在粤东游击区宣传、战斗。

1950年　36岁

被任命为广东省文教厅文艺科科长，兼任华南人民文学艺术学院文学部副教授，院长欧阳山。

8月，参加华南文工团创作的歌舞剧《乘风破浪解放海南》首演，饰演一名没有台词的国民党兵。

1952年　38岁

任广东省文化局副局长。

12月，广东省、广州市参加全国戏曲会演传达学习委员会成立，林山为书记，李门协助其做具体工作。

1953年　39岁

担任省市戏剧改革委员会副主任。在学习总结中提出“把帝国主义思想打下去，把民族优秀遗产拿出来”的口号。

1月，将《山东响马》等列入“春节演好戏”之一。

4月19日，在“春节演好戏”总结大会上以省文化局名义做了《以演好戏来为人民服务》的讲话。

11月，为粤剧演员讲习班授课，讲《怎样做一个好粤剧演员》。

12月23日，代表学委会在乐善戏院向全体艺人做了第一次小结。

1956年　42岁

3月底，率广东粤剧团马师曾、红线女等晋京演出《搜书院》获得巨大成功。

5月17日，参加国务院紫光阁《十五贯》座谈会，详细记录了周恩来总理讲话。讲话材料后来经中共中央文献编辑委员会结合其他记录材料整理后发表于1984年的《周恩来选集》下卷。

10月，中国戏剧家协会广州分会（后称广东分会）成立，主席白驹荣，副主席有12人，李门是其中之一。

12月12日，在剧团工作座谈会上做《关于民间职业剧团工作的几个问题》的报告。

1957年　43岁

春节，与邓丹平、刘美卿等上渔船拜年，为渔民演唱粤曲。

5月23日，与丁波、黄宁婴合撰（李门执笔）《我们对〈山东响马〉讨论中几个问题的看法》在《南方日报》《广州日报》发表。

中央文化部第三期演员讲习会在广东举办。主任为梅兰芳，李门与罗合如、马师曾任副主任。

1958年　44岁

1月，因传统粤剧折子戏《山东响马》的争论蒙冤，遭受撤销党内外职务，行政降一级，留党察看两年的严重处分。被下放到四会先锋农业合作社劳动一年。妻子老庄随行。

1959年　45岁

从四会回到广州，又被下放到海南石碌铁矿，担任教师和副工段长。妻子老庄亦随行。

9月，与杨嘉创作琼剧《海瑞回朝》。

1960年　46岁

受命与郑放合写关于海南岛的纪录片《南海明珠》脚本。

1961年　47岁

从海南调回广州。

12月，被分配到广东省剧协任副主席。

20世纪60年代初

和郭秉箴负责粤剧传统艺术调查研究班，挖掘、编印了一批粤剧传统的剧目、排场、音乐、沿革等材料。

1962年　48岁

3月13日，主持广东话剧团的《全家福》座谈会，剧作家老舍出席。

12月2日，在粤剧讲习会《王大儒供状》讨论会上发言。

12月12日，在戏曲理论工作座谈会上发言。

1963年　49岁

担任广东省文联委员（戏剧部分）。

1964年　50岁

以省剧协代表身份随生化剧团农村演出队到惠阳为工农兵演出，作《为工农兵演出》诗三首。

9月8日，与李雪光、梅重清合写《〈金沙洲〉——一出革命的现代戏》。

9月9日，参加电影《早春二月》座谈会，并做记录。

10月31日，传达黄文俞对《红色女队长》的意见。

11月28日，与杨子静、莫汝城、任肃等讨论粤剧《珠江春晓》的创作问题。

12月14、15日，与红线女、陈其仁等讨论粤剧《珠江风雷》。

1966年　52岁

因创作琼剧《海瑞回朝》被扣上“三反分子”的帽子，下放到英德茶场的五七干校。妻子老庄仍旧随行，过了六年劳动改造的生活。

1973年　59岁

母亲陈三妹去世。作七绝一首悼之。

1974年　60岁

从五七干校调到省文艺创作室担任副主任，被称为“维持会长”。

11月，参与韶关地区说唱文学座谈会，并重登梅岭。作七律《天半岭南第一关》一首。

1977年　63岁

12月，经省委决定恢复其省剧协的工作，任省剧协主席。

1979年　65岁

1月，与杨嘉合写《从琼剧〈海瑞回朝〉说起》，详叙创作《海瑞回朝》的始末。此文刊于1979年2月的《学术研究》。

2月22日，向省委纪检会提出对自己所受处分的情况和看法，请求复查。

1980年　66岁

1月，省委撤销对李门的处分。《山东响马》冤案得以平反。

1981年　67岁

2月，著作《粉墨集》由广东人民出版社出版。

1982年　68岁

退居二线。

参加广州大学校友联欢会，唱粤曲《珠海丹心》。

1983年　69岁

9月，参加粤剧编剧家代表团赴香港，是为他的第一次出访。

1984年　70岁

3月，到广西桂林参加西南剧展40周年大会。

1985年　71岁

会见国际剧协英国中心伊莉莎伯小姐。

冬，为郑州黄河碑林作诗。

1986年　72岁

6月，和省文联的吴仲明等访问福建、江西各地，与当地文联和剧协进行交流。

9月18日，参加锋社成立50周年纪念会，并演唱粤曲。作《临江仙·锋社团庆》为贺。

欢迎美国聋哑剧团。

1987年　73岁

5月，会见朝鲜话剧家总同盟副委员长李岭。

12月，出席全省上演传统剧目整理问题研讨会并做《关于传统剧目整理问题及其他》的发言。

1988年　74岁

春，创作《芦苞礼赞》并书，刻于故乡芦苞“五马云程”像旁的石碑之上。

7月，与李昭合写《宽容大度的母亲》一文。

参加《华商报》史学会1988年年会，时任该会顾问。

1989年　75岁

在“春节谈粤剧”上作《谈谈有关粤剧振兴的问题》的发言。

4月，出席粤剧艺术改革座谈会，并作《粤剧艺术的多元和选择》的发言。

1991年　77岁

卸去广东省剧协主席一职。

2月，著作《剧坛风雨》由花城出版社出版。

1992年　78岁

1月，著作《舞台内外》由中国戏剧出版社出版。

参加亚洲地区香港粤剧研讨会，并提交《粤剧面面观》论文。该文收入《粤剧研讨会论文集》。

1993年　79岁

参加《华商报》史学会1993年年会。

9月18日，锋社同人为李门等10个80岁高龄的老同志祝寿，并商议编辑出版《鸣镝篇》。

11月25日，参加原东江纵队文艺工作者集会，代表鲁迅艺宣队演唱。

1994年　80岁

参加华南文工团成立45周年纪念大会。

1996年　82岁

3月18日，参加纪念锋社成立60周年和中原剧艺社成立50周年联欢会，并演唱《夫妻识字》。

1997年　83岁

7月1日，在庆祝香港回归联欢会上演唱《夫妻识字》。

应广东话剧60年筹备组之约作《广东话剧60年简述》的发言。

1998年　84岁

9月18日，李门从艺65周年纪念，霍英东基金会赠送水晶球。

2000年　86岁

5月15日晚，病逝于广州，享年86岁。

12月，广东省戏剧家协会编辑的《洁似寒梅——李门遗作选》出版。

参考资料

李门：《粉墨集》，广州：广东人民出版社，1981年。

李门：《剧坛风雨》，广州：花城出版社，1991年。

李门：《舞台内外》，北京：中国戏剧出版社，1992年。

老庄：《沧桑自由魂》，香港：新民主出版社，2013年。

中共广东省委党史研究室、广州地区老游击战士联谊会《硝烟曲》编委会编：《硝烟曲——东江纵队文艺工作掠影》，1993年。

广东话剧研究会、《鸣镝篇》编委会编：《鸣镝篇——广州锋社话剧团的战斗历程》，1994年。

广东省戏剧家协会编：《洁似寒梅——李门遗作选》，2000年。

广东省戏剧家协会编：《遗墨情思——李门诗词书法集》，2001年。

广东省文联主编：《亲历与感动——我与广东文联》，广州：岭南美术出版社，2010年。

后记

在李门诞辰一百周年的时候，我们编辑出版了《李门百年》一书。我们相信，这是对李门最好的纪念。

李门是一位优秀的中国共产党党员、文艺战士、戏剧家，也是一位模范丈夫、慈爱父亲。我们怀着十分崇敬的心情和真挚虔诚的使命感，从事本书的编辑工作。他的精神和品格一直激励着我们把编辑工作做得更好。

我们希望这本书的编辑出版，一方面能够促进广东戏剧的传承和发展，另一方面能让李门精神和品格得以彰显。这就是《李门百年》出版的目的。

李门家人对李门深深的眷爱之情和对本书编辑出版的责任感令我们备受感动。他们提供了大量的文字和图片资料，撰写了多篇感人肺腑的回忆文章，并且亲自参与了本书的编辑、审读工作，这是本书得以面世的最重要的保证。

《李门百年》内容涉及的时间跨度较长，涉及的面较广，给资料收集工作带来了一定困难。但庆幸的是，我们得到了许多单位和友人的帮助，让我们心怀感激。他们是：广东省戏剧家协会秘书长林金洲先生、香港《戏剧之旅》杂志社曾美如小姐、香港联合出版集团三联书店有限公司詹玲莉小姐、香港圣约瑟书院等。在此谨致以衷心的感谢！

由于水平有限，编辑工作难免会出现错漏和其他不足，此书付梓后欢迎批评指正。

编　者

2014年10月